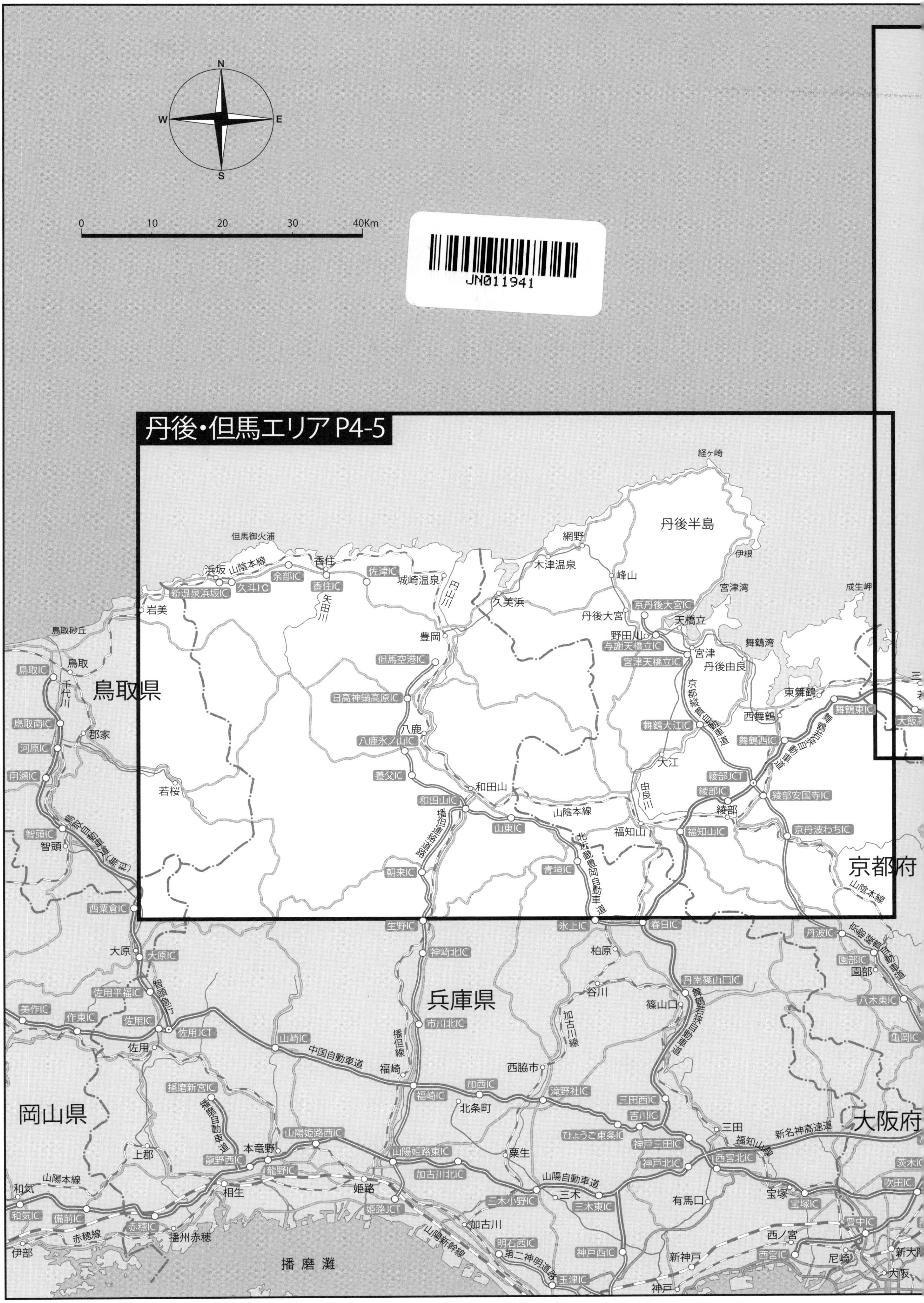
N
W
E
S
0
10
20
30
40Km
丹後・但馬エリア P4-5
経ヶ崎
丹後半島
網野
伊根
木津温泉
峰山
宮津湾
成生岬
但馬御火浦
浜坂
山陰本線
香住
佐津IC
城崎温泉
余部IC
久斗IC
新温泉浜坂IC
香住IC
矢田川
円山川
久美浜
京丹後大宮IC
丹後大宮
天橋立
岩美
鳥取砂丘
豊岡
野田川
与謝天橋立IC
舞鶴湾
宮津
鳥取
宮津天橋立IC
丹後由良
鳥取IC
但馬空港IC
千代川
鳥取県
日高神鍋高原IC
東舞鶴
舞鶴東IC
大阪府
京都縦貫自動車道
西舞鶴
鳥取南IC
郡家
八鹿
舞鶴大江IC
舞鶴西IC
河原IC
八鹿氷ノ山IC
大江
用瀬IC
養父IC
綾部JCT
若桜
和田山
由良川
綾部IC
綾部安国寺IC
和田山IC
山陰本線
綾部
播但連絡道路
智頭IC
山東IC
福知山
福知山IC
京丹波わちIC
智頭
北近畿豊岡自動車道
京都府
朝来IC
青垣IC
山陰本線
西粟倉IC
生野IC
氷上IC
春日IC
丹波IC
京都縦貫自動車道
大原
大原IC
神崎北IC
柏原
園部IC
園部
智頭急行
丹南篠山口IC
佐用平福IC
兵庫県
谷川
舞鶴若狭自動車道
美作IC
篠山口
八木東IC
作東IC
佐用IC
佐用JCT
市川北IC
加古川線
佐用
山崎IC
播但線
亀岡IC
中国自動車道
福崎
西脇市
播磨新宮IC
加西IC
福崎IC
滝野社IC
北条町
三田西IC
岡山県
播磨自動車道
吉川IC
大阪府
ひょうご東条IC
三田
山陽姫路西IC
新名神高速道
福知山線
本竜野
神戸三田IC
上郡
山陽姫路東IC
粟生
龍野西IC
龍野IC
神戸北IC
西宮北IC
茨木IC
加古川北IC
山陽本線
山陽自動車道
和気
相生
姫路
三木
吹田IC
三木小野IC
宝塚
有馬口
三木東IC
和気IC
姫路JCT
宝塚IC
備前IC
赤穂IC
加古川
豊中IC
赤穂線
播州赤穂
山陽新幹線
明石西IC
西ノ宮
伊部
第二神明道路
神戸西IC
新神戸
西宮IC
尼崎
播磨灘
玉津IC
大阪
神戸

越前・若狭エリア

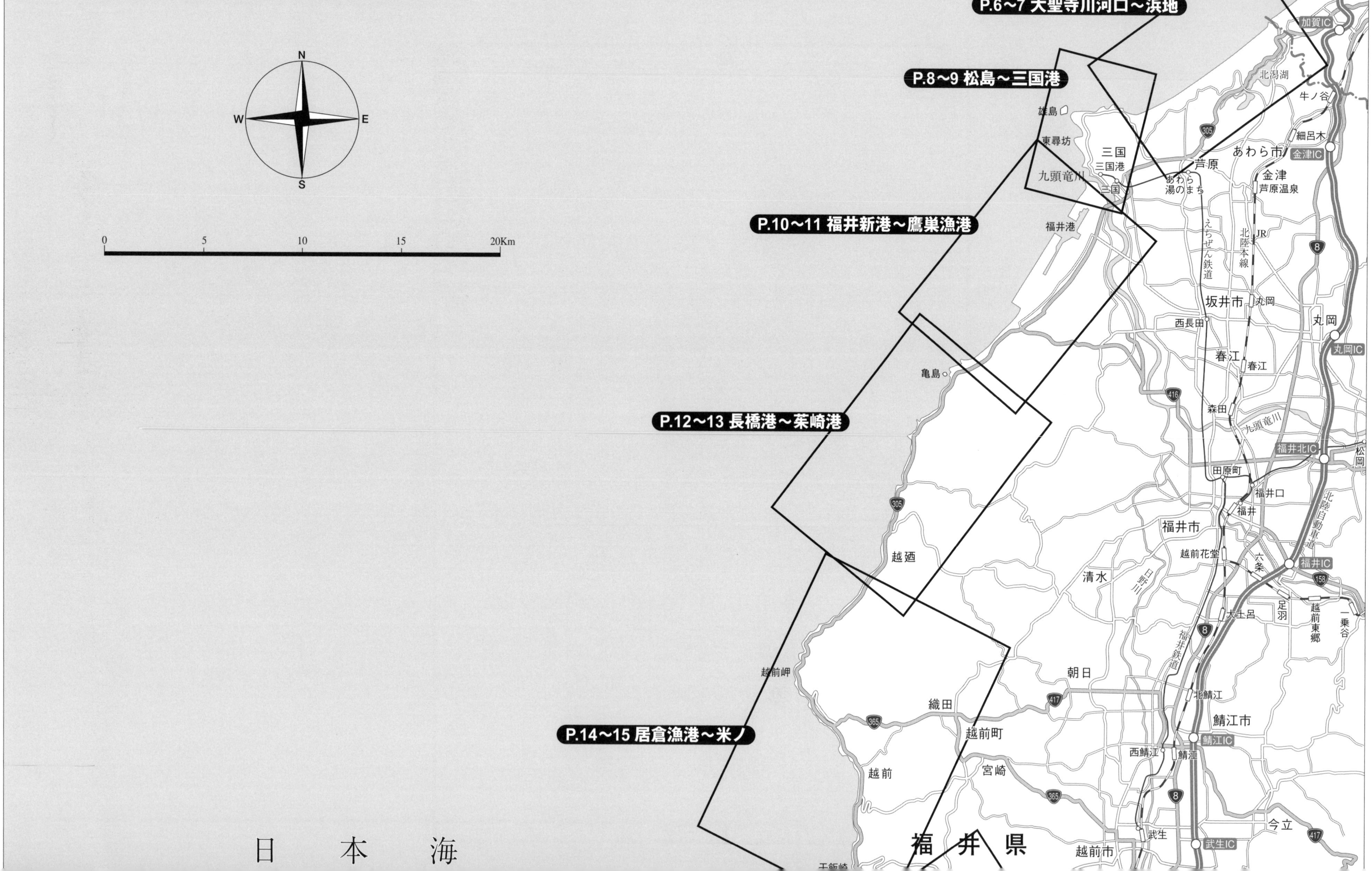

N
E
S
W
0
5
10
15
20Km
P.6〜7 大聖寺川河口〜浜地
P.8〜9 松島〜三国港
P.10〜11 福井新港〜鷹巣漁港
P.12〜13 長橋港〜茱崎港
P.14〜15 居倉漁港〜米ノ
加賀市
加賀IC
北潟湖
牛ノ谷
細呂木
金津IC
あわら市
芦原
金津
芦原温泉
雄島
東尋坊
三国
三国港
九頭竜川
あわら湯のまち
福井港
えちぜん鉄道
北陸本線
JR
坂井市
丸岡
西長田
春江
丸岡IC
亀島
森田
九頭竜川
福井北IC
松岡
田原町
福井口
福井
福井市
北陸自動車道
越前花堂
六条
福井IC
越廼
清水
日野川
足羽
越前東郷
一乗谷
大土呂
福井鉄道
越前岬
朝日
北鯖江
織田
鯖江市
越前町
鯖江IC
西鯖江
鯖江
越前
宮崎
武生
今立
日本海
福井県
越前市
武生IC

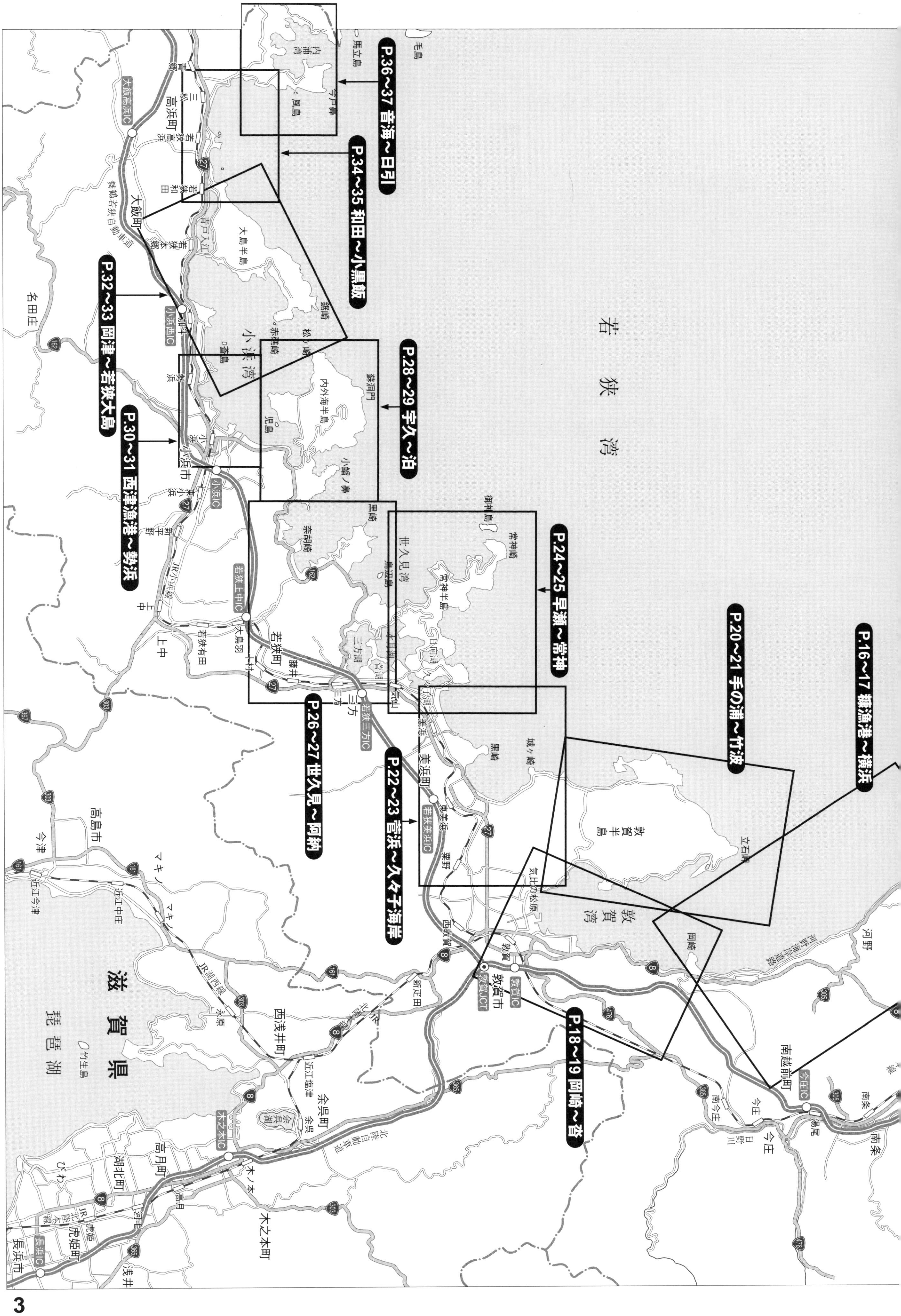

P.36~37 音海~日引
P.34~35 和田~小黒飯
P.32~33 岡津~若狭大島
P.30~31 西津漁港~勢浜
P.28~29 宇久~泊
P.26~27 世久見~阿納
P.24~25 早瀬~常神
P.22~23 菅浜~久々子海岸
P.20~21 手の浦~竹波
P.18~19 岡崎~沓
P.16~17 糠漁港~横浜
若狭湾
小浜湾
敦賀湾
滋賀県
琵琶湖
高浜町
大飯町
小浜市
若狭町
美浜町
敦賀市
南越前町
高島市
西浅井町
余呉町
木之本町
高月町
湖北町
虎姫町
長浜市
大島半島
内外海半島
常神半島
敦賀半島
三方湖
余呉湖
竹生島

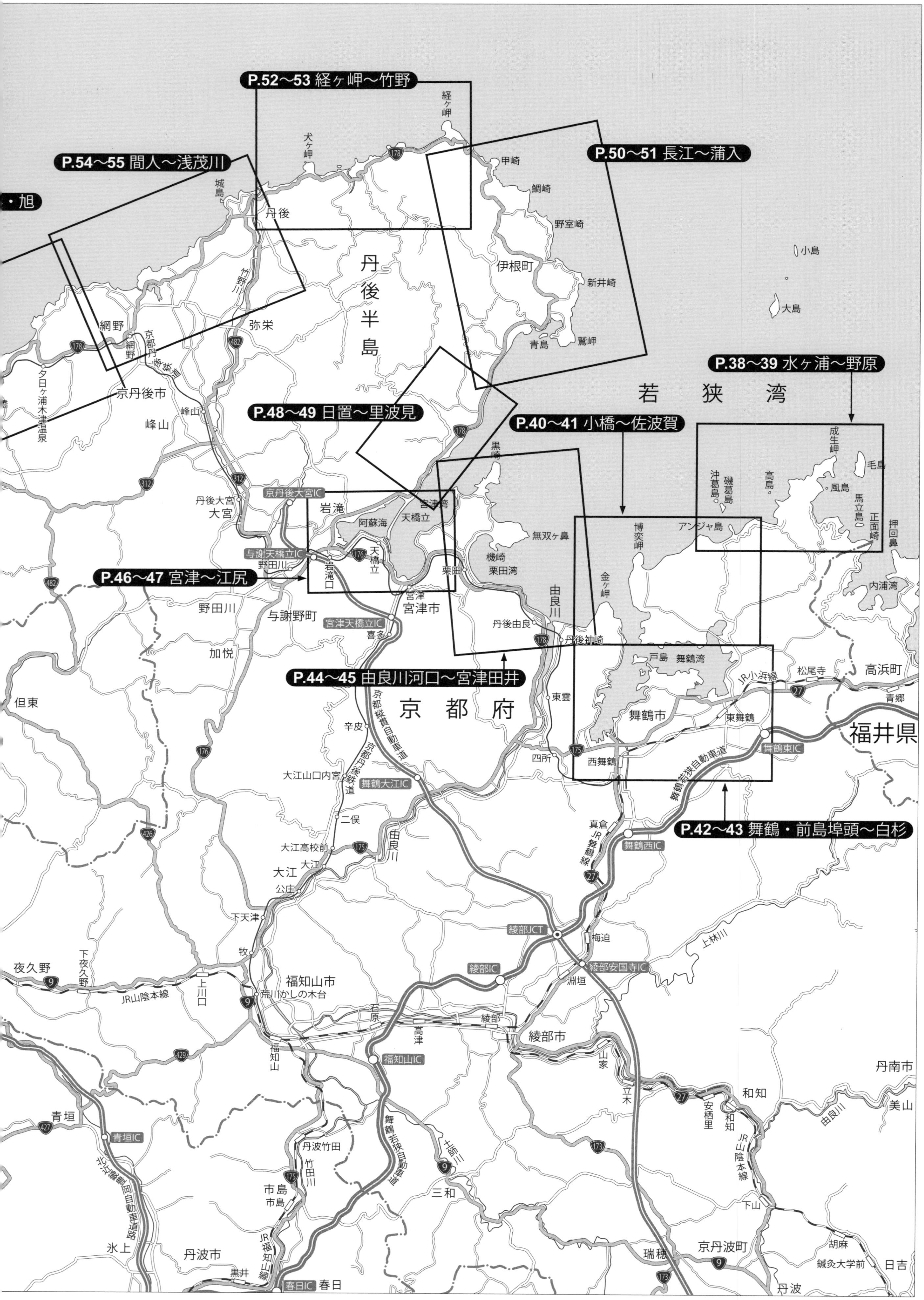
P.52～53 経ヶ岬～竹野
P.54～55 間人～浅茂川
P.50～51 長江～蒲入
P.38～39 水ヶ浦～野原
P.48～49 日置～里波見
P.40～41 小橋～佐波賀
P.46～47 宮津～江尻
P.44～45 由良川河口～宮津田井
P.42～43 舞鶴・前島埠頭～白杉
・旭
経ヶ岬
犬ヶ岬
城島
丹後
甲崎
鯛崎
野室崎
伊根町
新井崎
青島
鷲岬
小島
大島
丹後半島
竹野川
網野
弥栄
京丹後市
峰山
夕日ヶ浦木津温泉
若狭湾
成生岬
毛島
沖島
磯葛島
高島
風島
馬立島
正面崎
押回鼻
黒崎
宮津湾
岩滝
阿蘇海
天橋立
無双ヶ鼻
アンジャ島
博奕岬
機崎
栗田湾
栗田
金ヶ岬
内浦湾
京丹後大宮IC
丹後大宮
大宮
与謝天橋立IC
野田川
岩滝口
宮津
宮津市
野田川
与謝野町
宮津天橋立IC
喜多
丹後由良
由良川
丹後神崎
加悦
戸島
舞鶴湾
JR小浜線
松尾寺
高浜町
青郷
但東
京都府
東雲
舞鶴市
東舞鶴
福井県
京都縦貫自動車道
辛皮
京都丹後鉄道
大江山口内宮
舞鶴大江IC
四所
西舞鶴
舞鶴東IC
舞鶴若狭自動車道
二俣
真倉
JR舞鶴線
舞鶴西IC
由良川
大江高校前
大江
公庄
下天津
綾部JCT
梅迫
上林川
牧
綾部IC
綾部安国寺IC
淵垣
夜久野
下夜久野
上川口
JR山陰本線
福知山市
荒川かしの木台
石原
綾部
高津
綾部市
福知山
福知山IC
山家
丹南市
立木
和知
安栖里
美山
由良川
青垣
青垣IC
舞鶴若狭自動車道
土師川
JR山陰本線
丹波竹田
竹田川
北近畿豊岡自動車道
市島
三和
下山
JR福知山線
氷上
丹波市
黒井
瑞穂
京丹波町
胡麻
鍼灸大学前
日吉
春日IC
春日
丹波

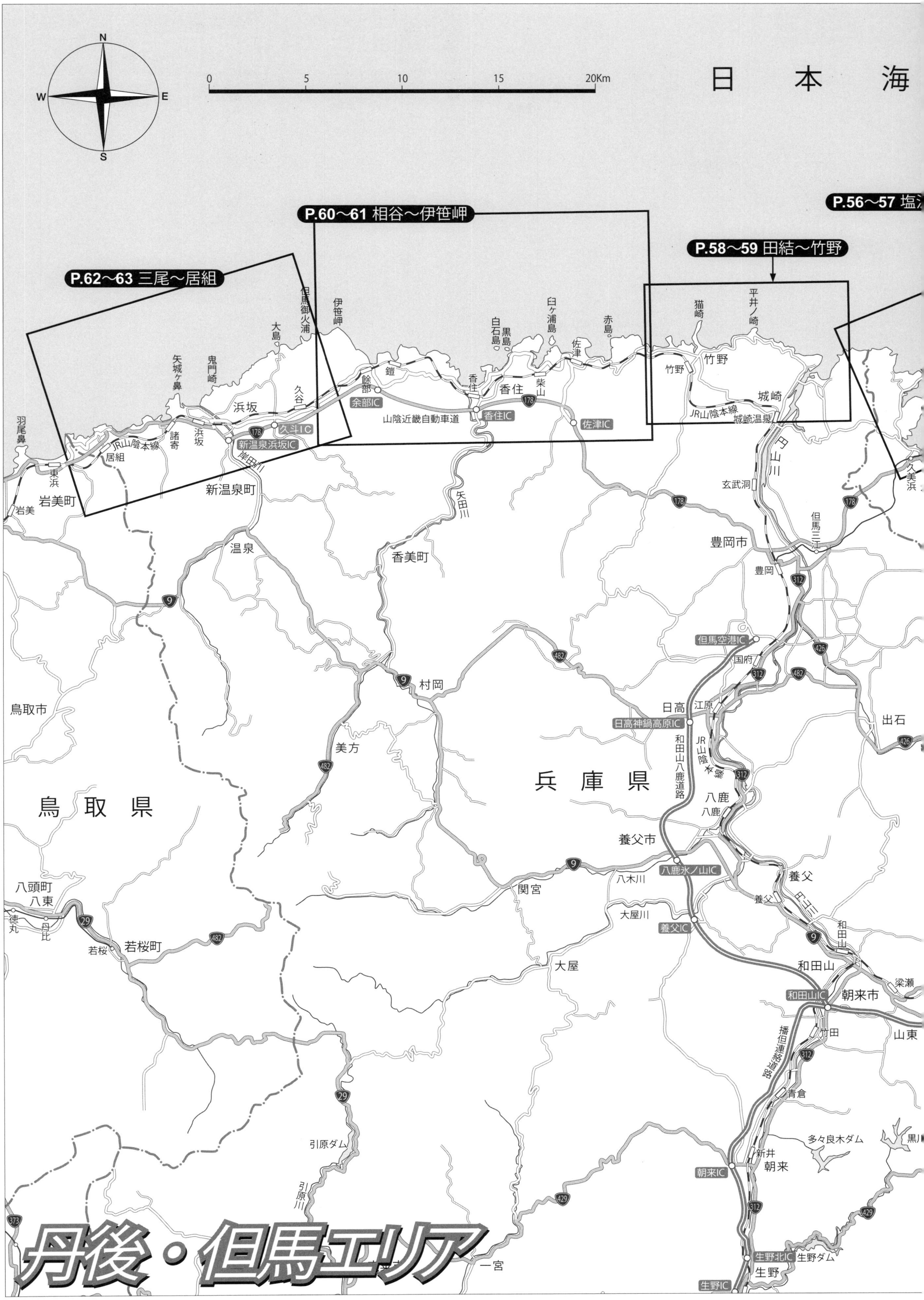

丹後・但馬エリア
日本海
0 5 10 15 20Km
N
S
E
W
P.62～63 三尾～居組
P.60～61 相谷～伊笹岬
P.58～59 田結～竹野
P.56～57 塩
鳥取県
兵庫県
羽尾鼻
東浜
岩美
岩美町
居組
JR山陰本線
諸寄
浜坂
矢城ヶ鼻
鬼門崎
大島
但馬御火浦
伊笹岬
浜坂
久谷
久斗IC
新温泉浜坂IC
岸田川
新温泉町
温泉
餘部
余部IC
鎧
山陰近畿自動車道
香住
香住IC
白石島
黒島
臼ヶ浦島
柴山
佐津
佐津IC
赤島
矢田川
香美町
猫崎
平井ノ崎
竹野
城崎
JR山陰本線
城崎温泉
円山川
玄武洞
但馬三江
豊岡市
豊岡
久美浜
但馬空港IC
国府
日高
江原
日高神鍋高原IC
和田山八鹿道路
JR山陰本線
八鹿
養父市
八鹿氷ノ山IC
八木川
養父
大屋川
養父IC
和田山
梁瀬
和田山IC
朝来市
竹田
山東
播但連絡道路
青倉
多々良木ダム
新井
朝来
朝来IC
生野北IC
生野ダム
生野
生野IC
村岡
美方
関宮
大屋
出石
鳥取市
八頭町
八東
徳丸
丹比
若桜
若桜町
引原ダム
引原川
一宮
9
178
312
426
482
29
429
373

大聖寺川河口～浜地

だいしょうじかわ　はまじ

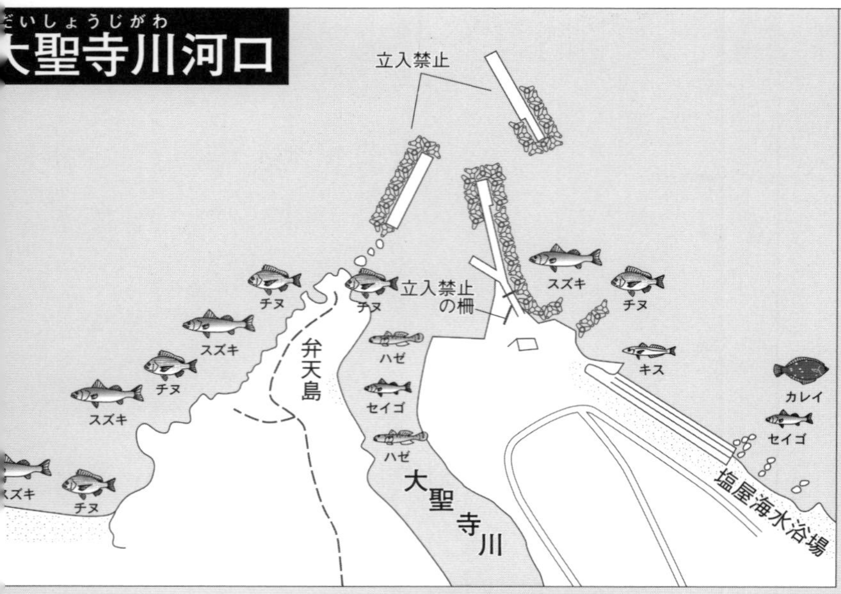

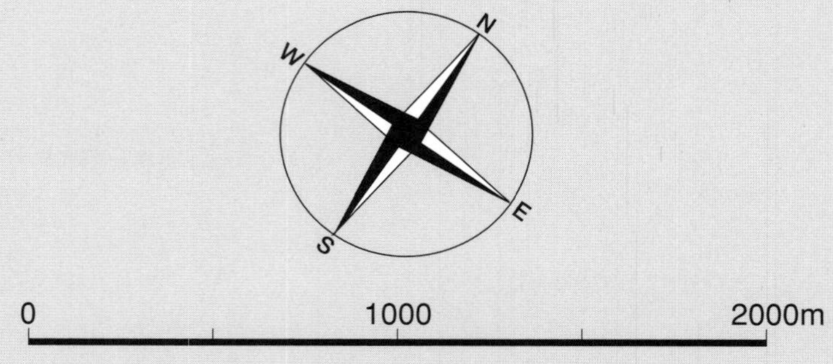

福井と富山の県境、大聖寺川河口のポイントは右岸側の河口部と塩屋海水浴場が中心。漁港は波止の入り口に鉄柵があり関係者以外入れない。夜、河口向きにウキを流すとスズキやセイゴが釣れる。秋口にはハゼも釣れ、家族連れには面白い。漁港突堤の付け根から東に伸びる砂浜は夜にブッ込み釣りでチヌやスズキ、渚釣りで大型チヌの実績がある。左岸側は波松海岸東端で砂浜とはいいながらシモリが点在し薄明薄暮や夜にミノーイングでスズキやハマチ、チヌがヒットする隠れスポット。投げ釣りのカレイ、キスも型がそろう

日本海

地元のみならず中部や関西方面からキャスターが訪れる投げ釣り場。夏はキス、晩秋から春までカレイがよく釣れ、イシガレイの40cmオーバーが高い確率でヒットするため投げ釣りクラブが週末に海岸線のどこかで釣り大会を開いている。沖に延びる砂止めのテトラ帯の数が年々増えている。ポイントはシーズンごとに移動し特定できないがキスは歩きながら拾っていくのがセオリー。カレイの大型をねらうキャスターは先オモリの1本バリにアオイソメやマムシをたっぷり付け、1本脚のサオ立てでアタリを待つ

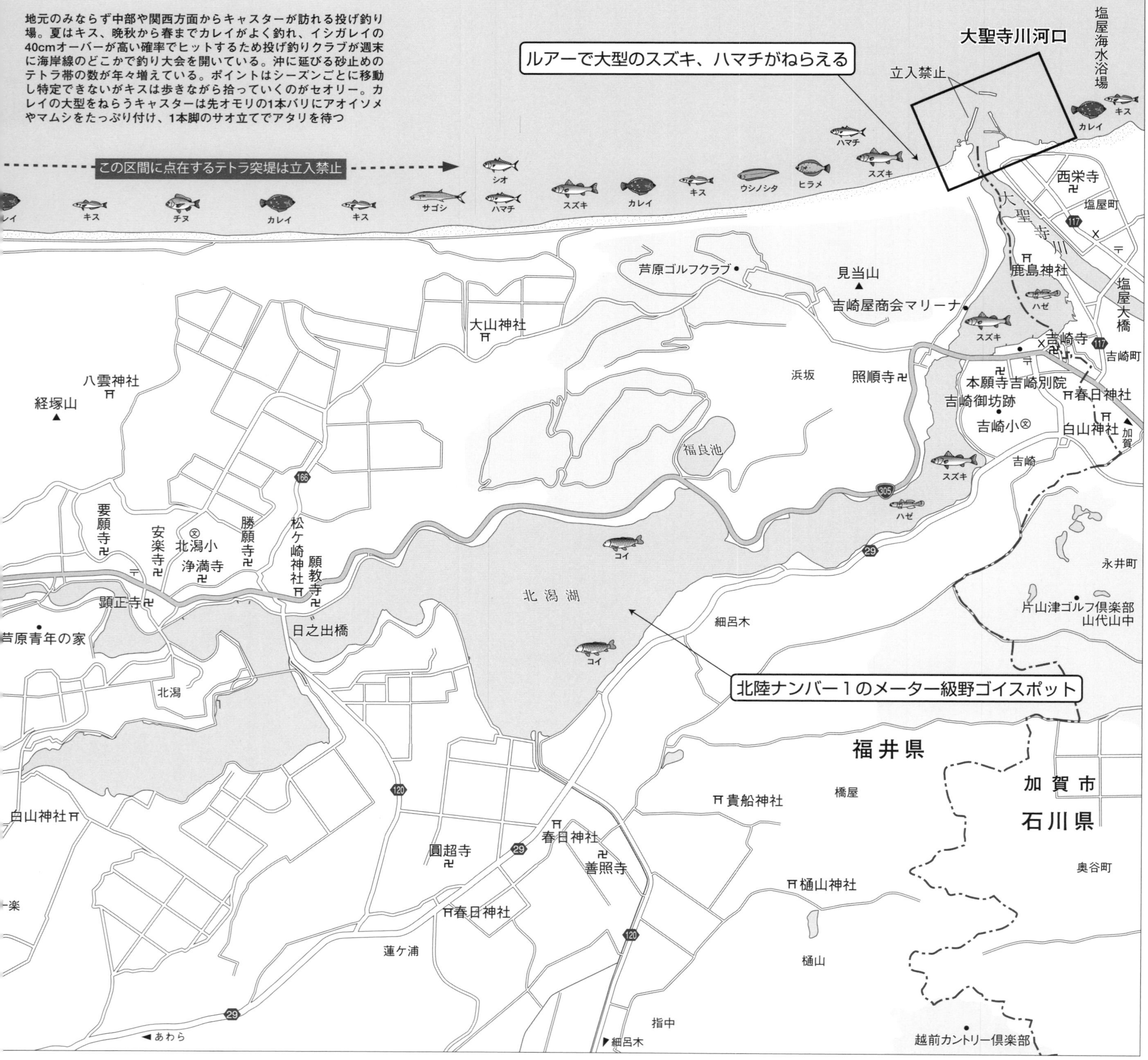

浜地海水浴場

海水浴場の横にあり流れ込みもあるため釣れる魚種が多いし小場所ながら魚も多い。地形的に冬の季節風に強くほかの釣り場が風波でサオだし不可のときでも釣りができることがある。右岸側の小さな波止が本命。チヌ、スズキのほか浜向きではアオリイカもよく釣れる

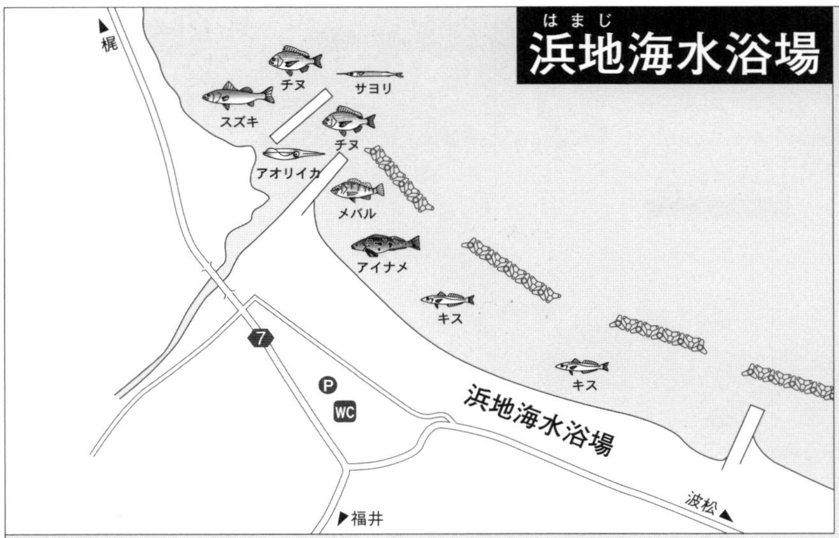

浜地・波松海岸

福井市街寄りの浜地から北東へ、波松の集落から富山県境の大聖寺川まではおよそ10km。この砂浜を釣り人は浜地・波松海岸と呼び、釣り場移動のアクセスは防風林との間を縦貫する護岸道路を利用するのみ。車は所々にある駐車帯にとめ、近くに設置された海岸に降りる階段などを利用して浜に出る。晩秋から初冬はハマチ、シオ、サゴシのナブラが立つこともあり、ソルトルアー・ファンを早朝に見かける。ヒラメ、マゴチ、スズキは周年期待できる

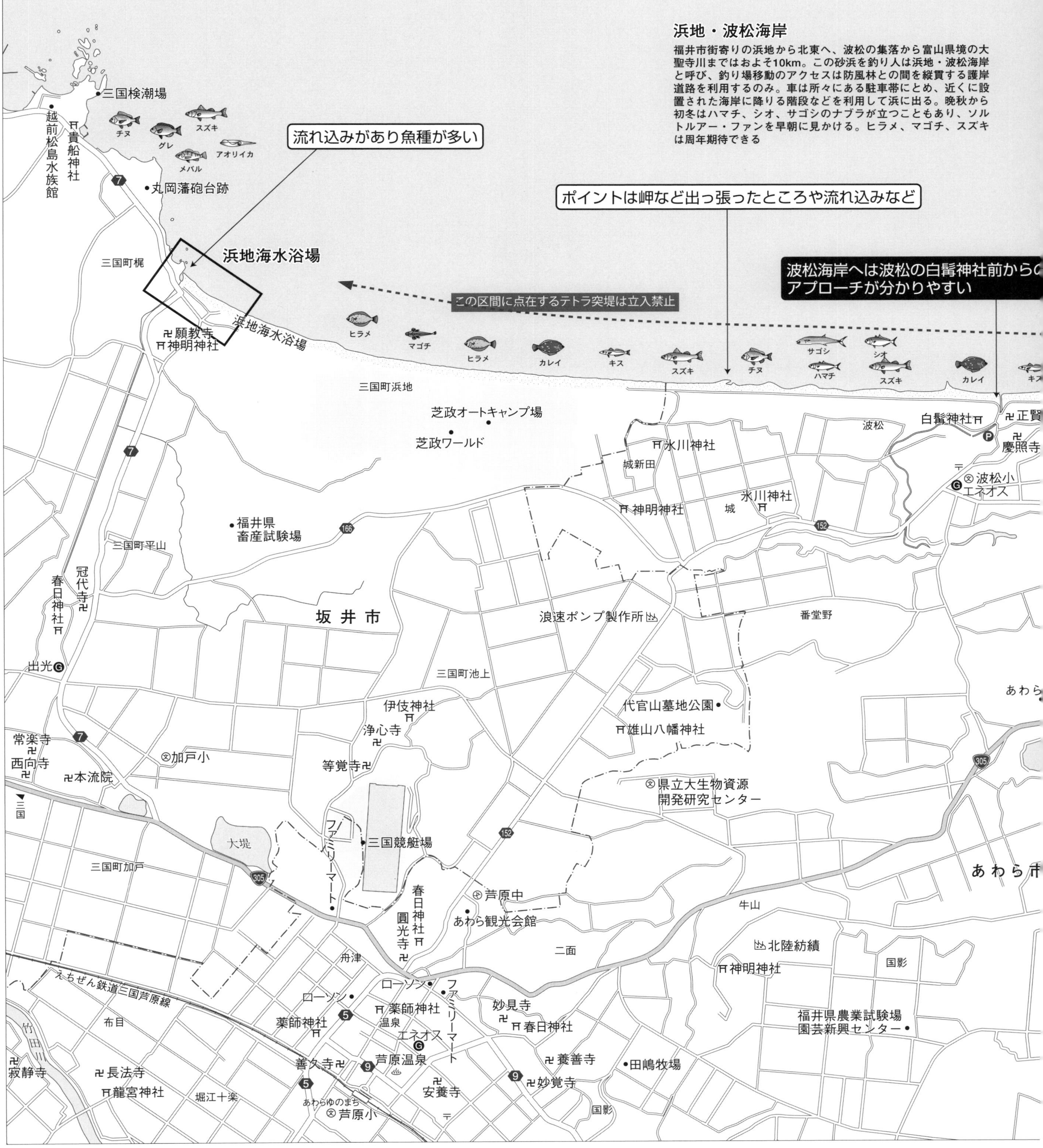

松島（まつしま）～三国港（みくにこう）

雄島を中心に松島側と三国側で風の当たり方がまったく違うため風波で釣りにくいときは反対側に移動してみるとよい。驚くほど海況が変わる日もある

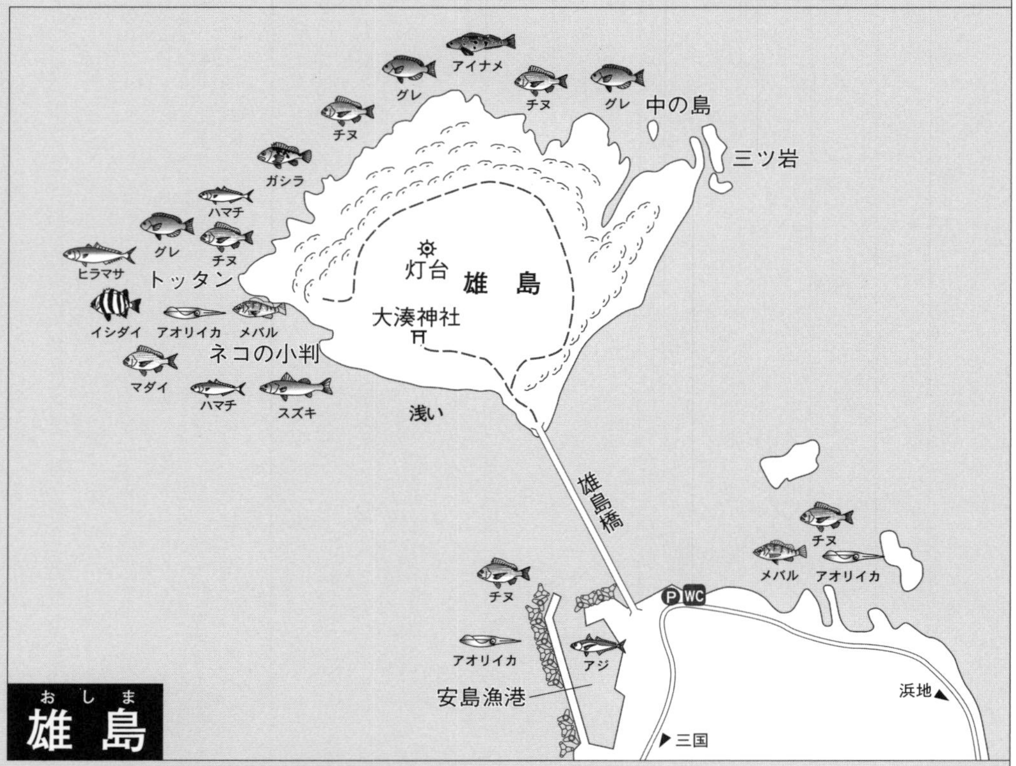

雄島（おしま）

観光名所でもある雄島へは、手前に駐車し釣り道具を背負って徒歩で橋を渡る。島の北側の岩場が主なポイント。地元のアングラーには手軽に磯釣りが楽しめると人気がある。潮通しのよい西寄りのトッタンとネコの小判はチヌとグレ、冬にハマチやヒラマサが回遊することもある。春はチヌ、スズキ、メバル、夏はイシダイも期待できる。秋からチヌを中心にグレ、マダイ、アオリイカと魚種が多い

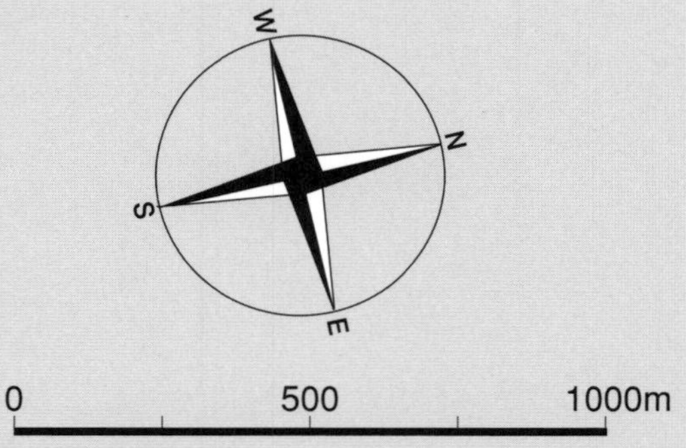

エギングやメバリングだと広いエリアが探れるなど「越前松島水族館」周辺はファミリーフィッシングに向く釣り場が多い。丸岡藩の砲台跡は旧跡として整備され海岸まで遊歩道が続く。ゴロタまじりの岩場は浅く浜地寄りの岩場からフカセ釣りでチヌが有望。駐車場の横にトイレもある。越前松島水族館の岩場も観光客向けに遊歩道が整備され、歩道橋も架けてあるため釣り人も容易に離れ岩にアプローチできる。水族館をはさみ両側に位置する崎漁港と梶漁港はともにひなびた小漁港。小アジやサヨリといった小物釣りが楽しめる。北西風に強く寒チヌ釣りが面白い

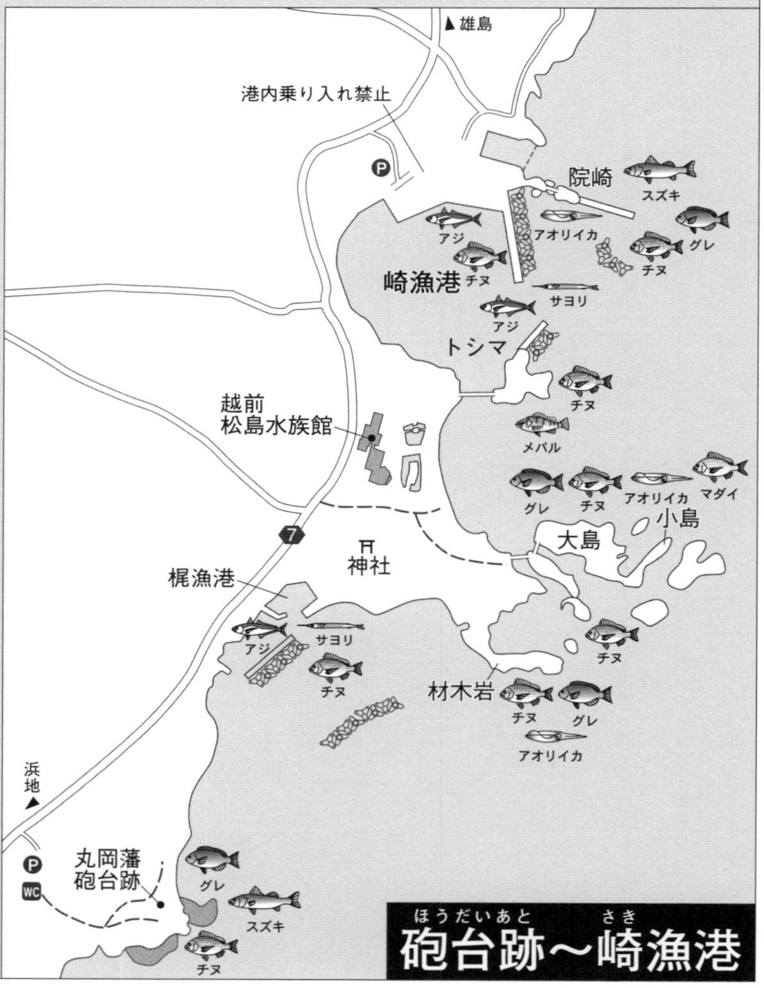

砲台跡（ほうだいあと）～崎漁港（さきぎょこう）

九頭竜川河口（くずりゅうがわ）

九頭竜川河口の釣りものの8割はスズキ。昔からメータークラスのスズキが年間何尾かヒットし投げザオと投げ釣り用オモリでブン投げる独自のミノーフィッシングが見られたほどだ。大河であることと、稚アユに代表されるベイトが豊富なことが大型スズキに好影響しているのだろう。右岸側の長大な波止の中間付近から先はバリケードがあり立入禁止。手前の旧波止から川向に電気ウキ釣り、ブッ込み釣り、ミノーイング、ジギングといろんなタイプのファンがスズキを求めて通う。サンセットビーチ向きはチヌ、アジ、アオリイカ、ケンサキイカが面白い。川向きの投げ釣りはイシガレイのほか、まれにヌマガレイがヒットすることも。対岸、新保波止もスズキが中心。川の両岸、上流にもスズキのポイントが点在する。サンセットビーチは投げ釣りでキス、カレイ。ヨットハーバーの港内は釣り禁止

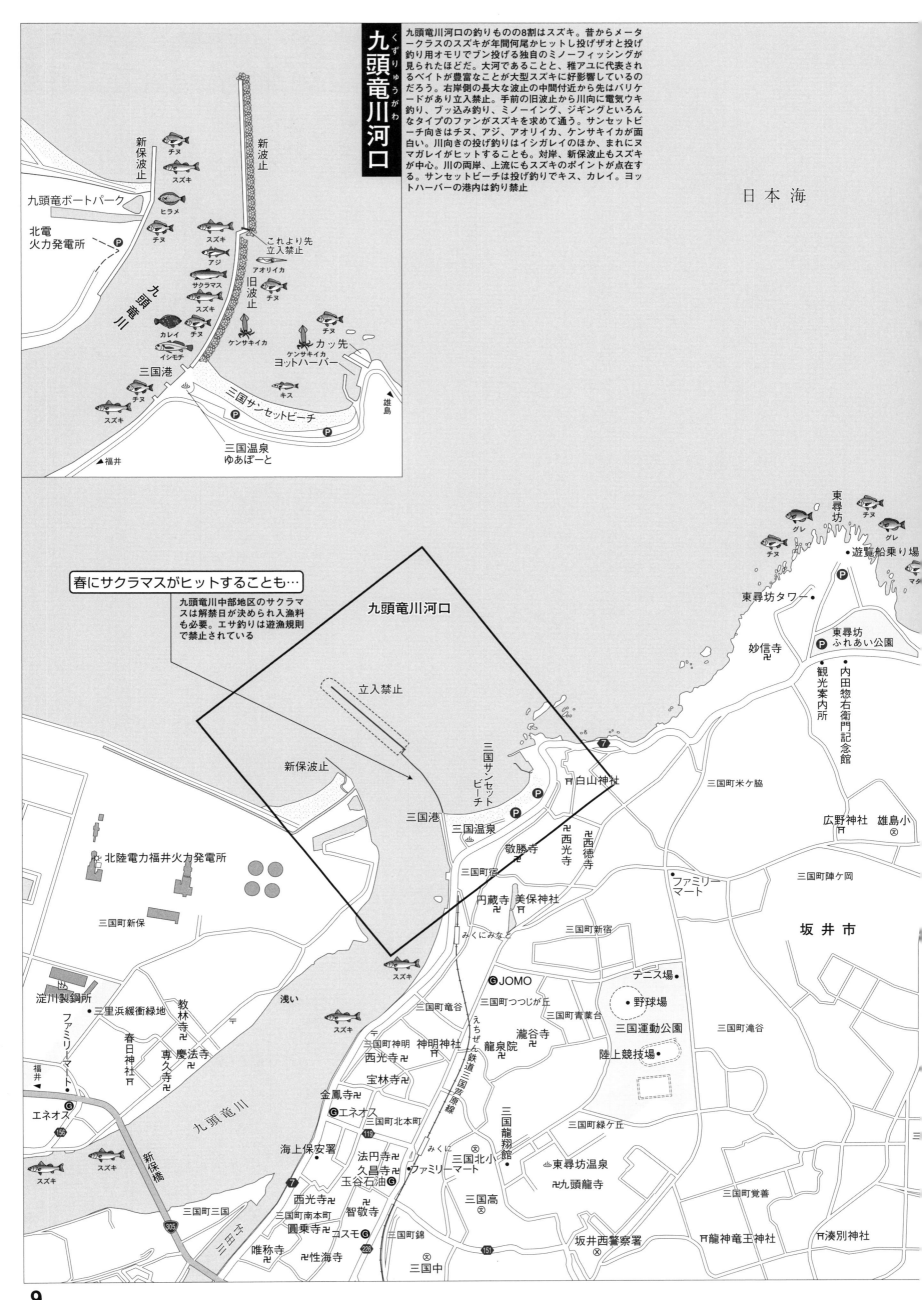

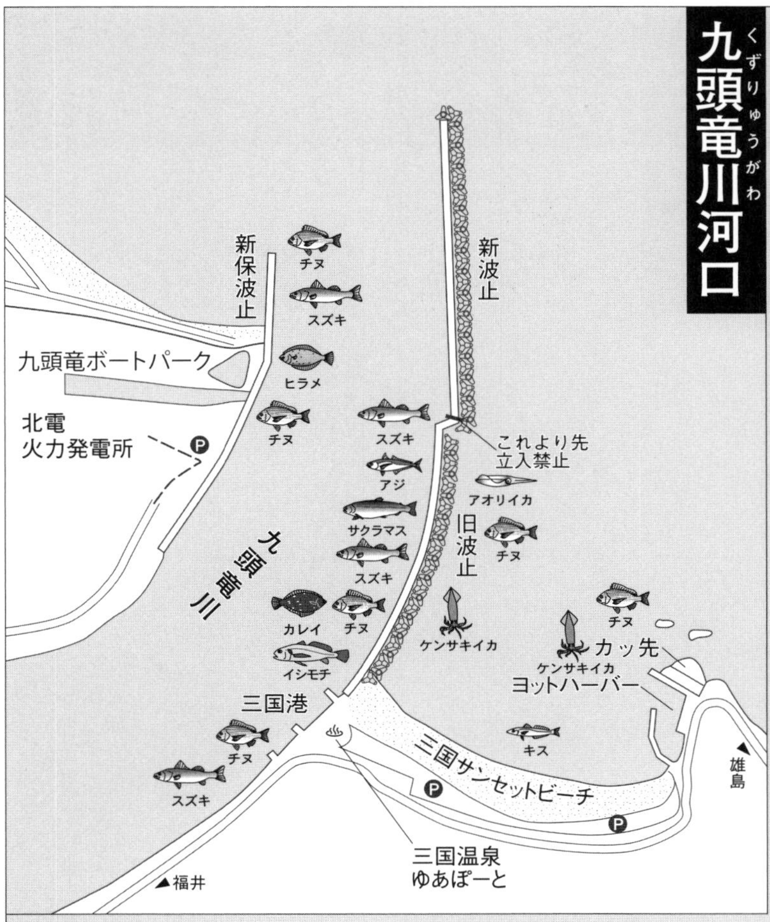

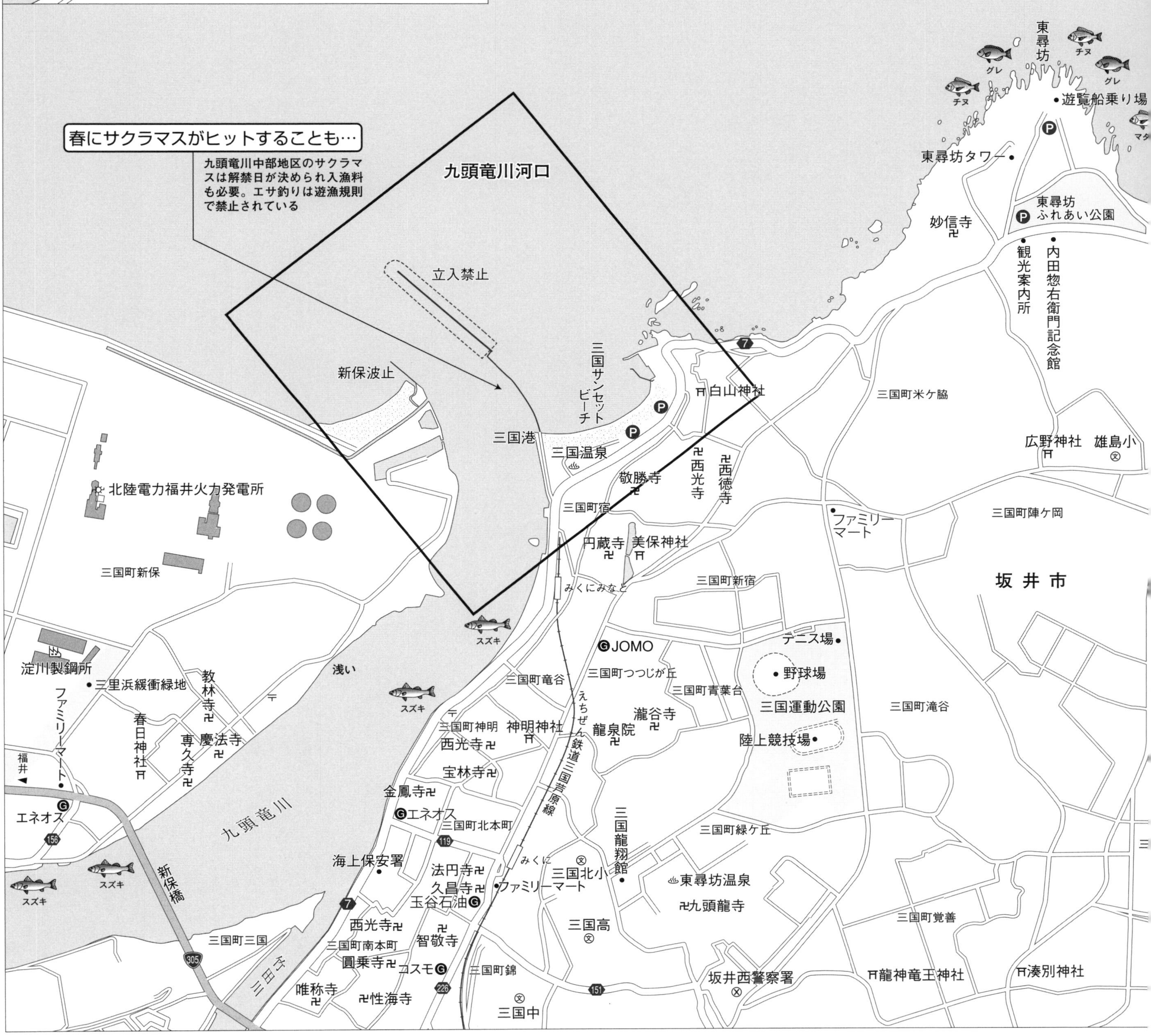

福井新港～鷹巣漁港

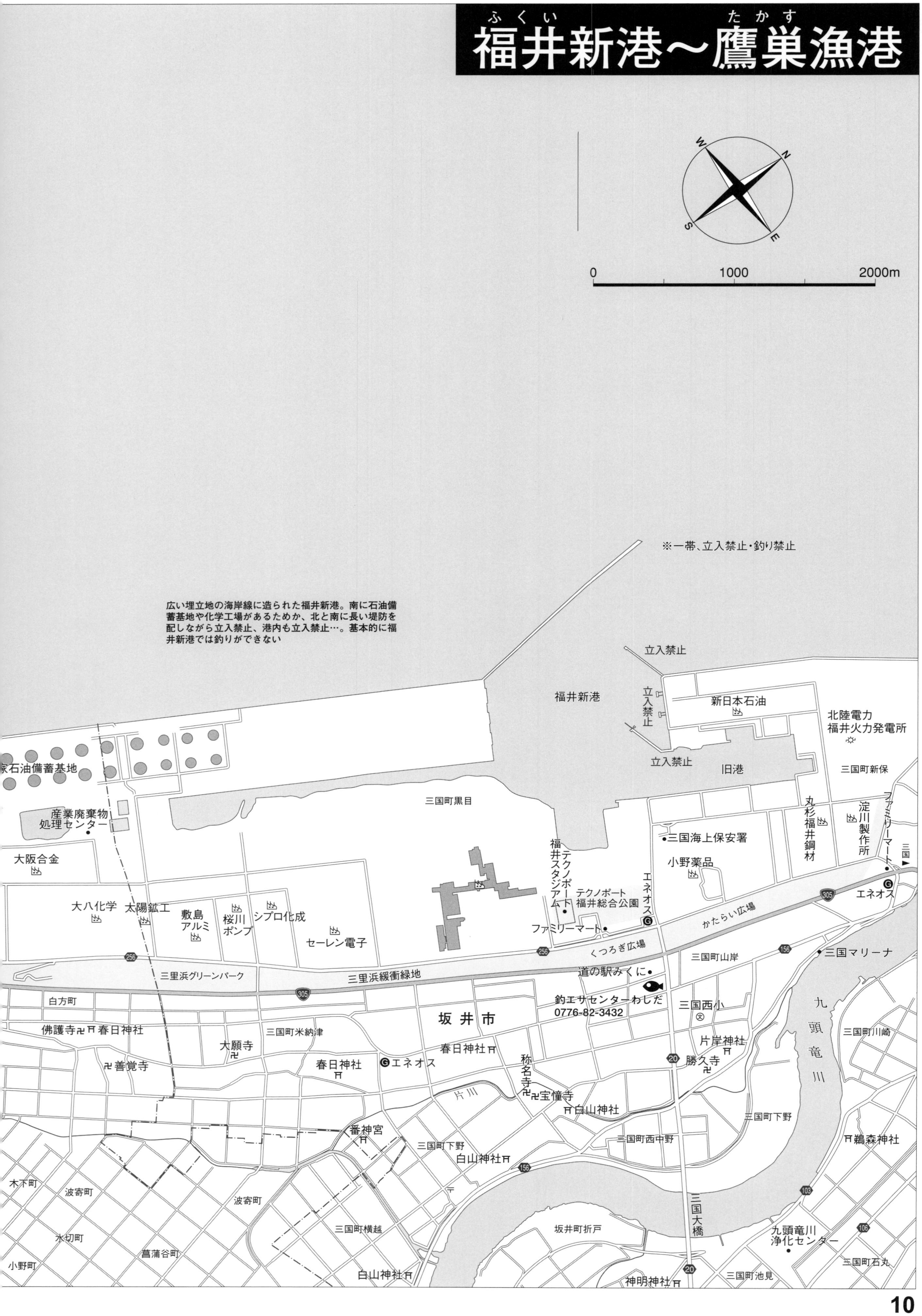

広い埋立地の海岸線に造られた福井新港。南に石油備蓄基地や化学工場があるためか、北と南に長い堤防を配しながら立入禁止、港内も立入禁止…。基本的に福井新港では釣りができない

鷹巣学校裏〜鷹巣漁港

鷹巣小・中学校裏の岩場といえば福井市近郊でもっともチヌが早く釣れだすポイントとして知られる。三里浜海水浴場の駐車場に車をとめ、南の岩場まで歩くと遊歩道がある。歩道の足元も釣り座の足場もよくないが先端の灯台まで歩いていくことはできる。ポイントは砂地底に沈み根がびっしり入っているのでボケやオキアミのサシエを底ぎりぎりに流し、乗っ込んできたチヌに口を使わせるのがコツ。秋、アオリイカを求め岩場を点々とさぐるのも面白いが暗いうちは転落に注意したい。小アジをハリに掛けたノマセ釣りでヒラメやスズキ、晩秋には泳がせてヤエンを投入するアオリイカ釣りも期待充分だ。南隣の鷹巣漁港までは通じていない

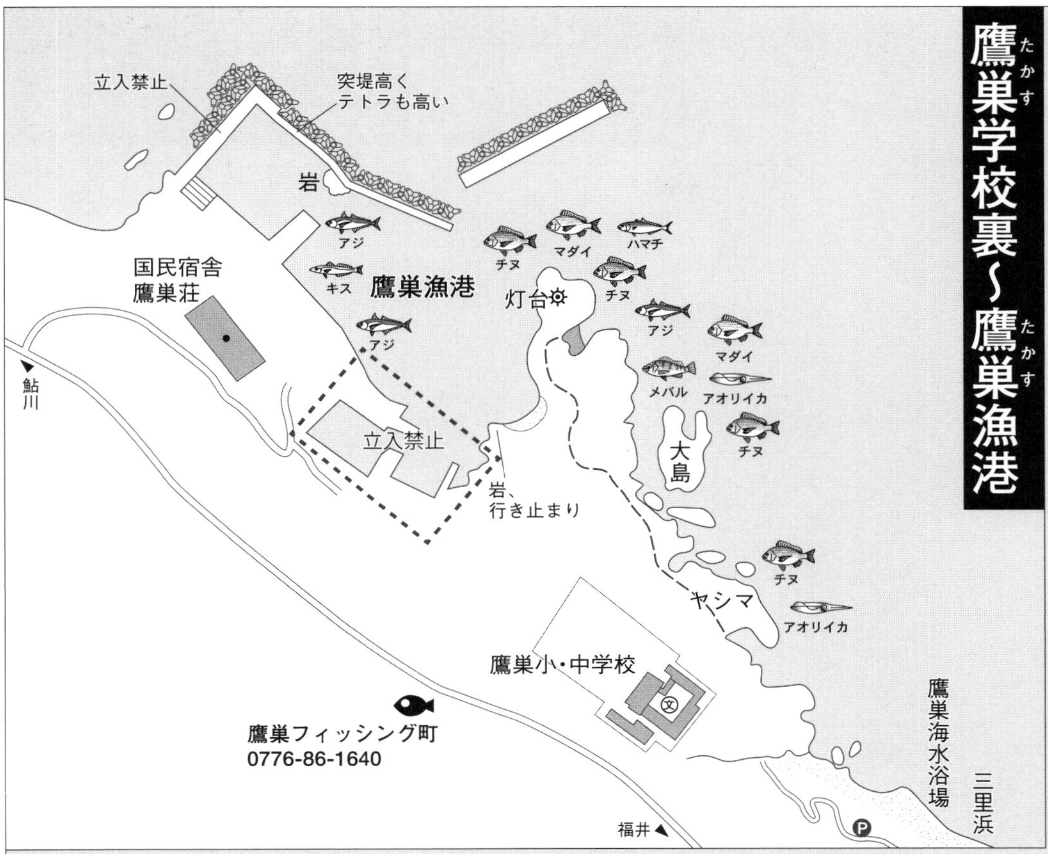

日本海

三里浜の南北の長さは約10km。砂の粒子が細かい遠浅の砂浜で、海岸線と並行して沖にテトラー文字が何本も投入されているので少々海が荒れてもサオがだせる。初夏から晩秋まで小型を中心にキスが数多くヒットする釣り場で、冬はカレイ、渚釣りでチヌも面白い。キスが数釣れることから数釣りの競技会も開かれる

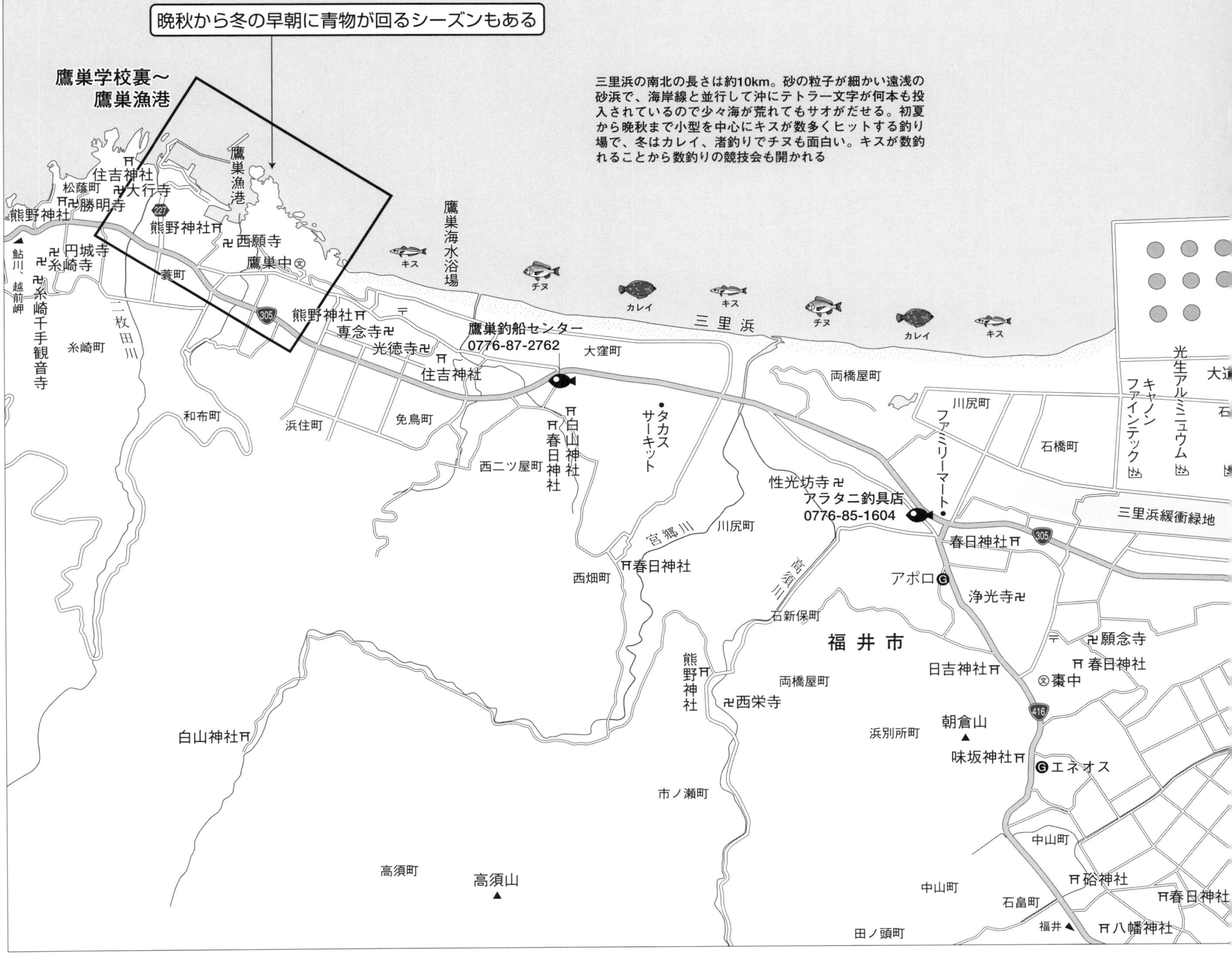

 ●改正SOLAS条約により、立ち入り禁止となっている埠頭などがあります（詳細はP64）。

長橋港(ながはし)〜茱崎港(ぐみざき)

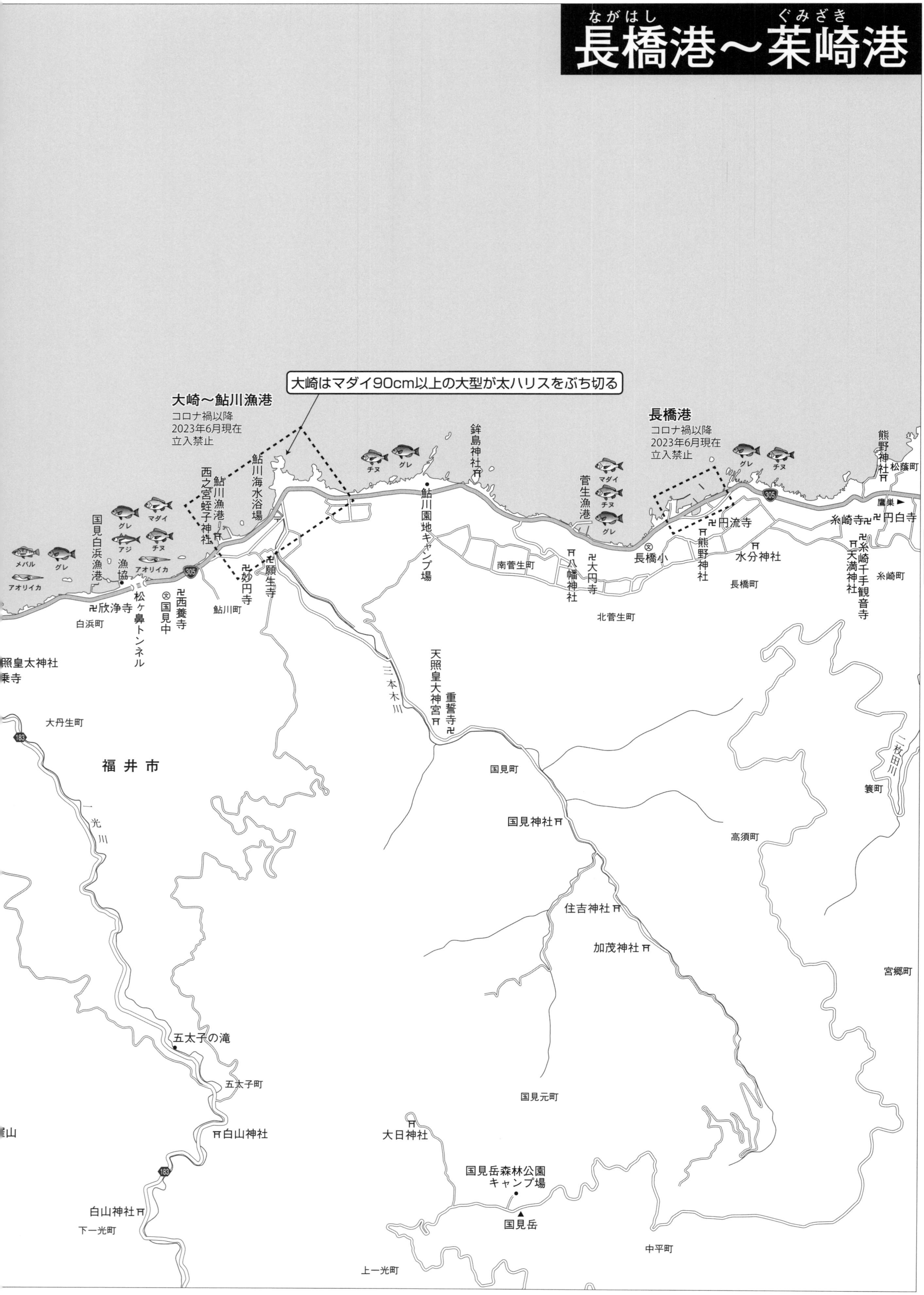

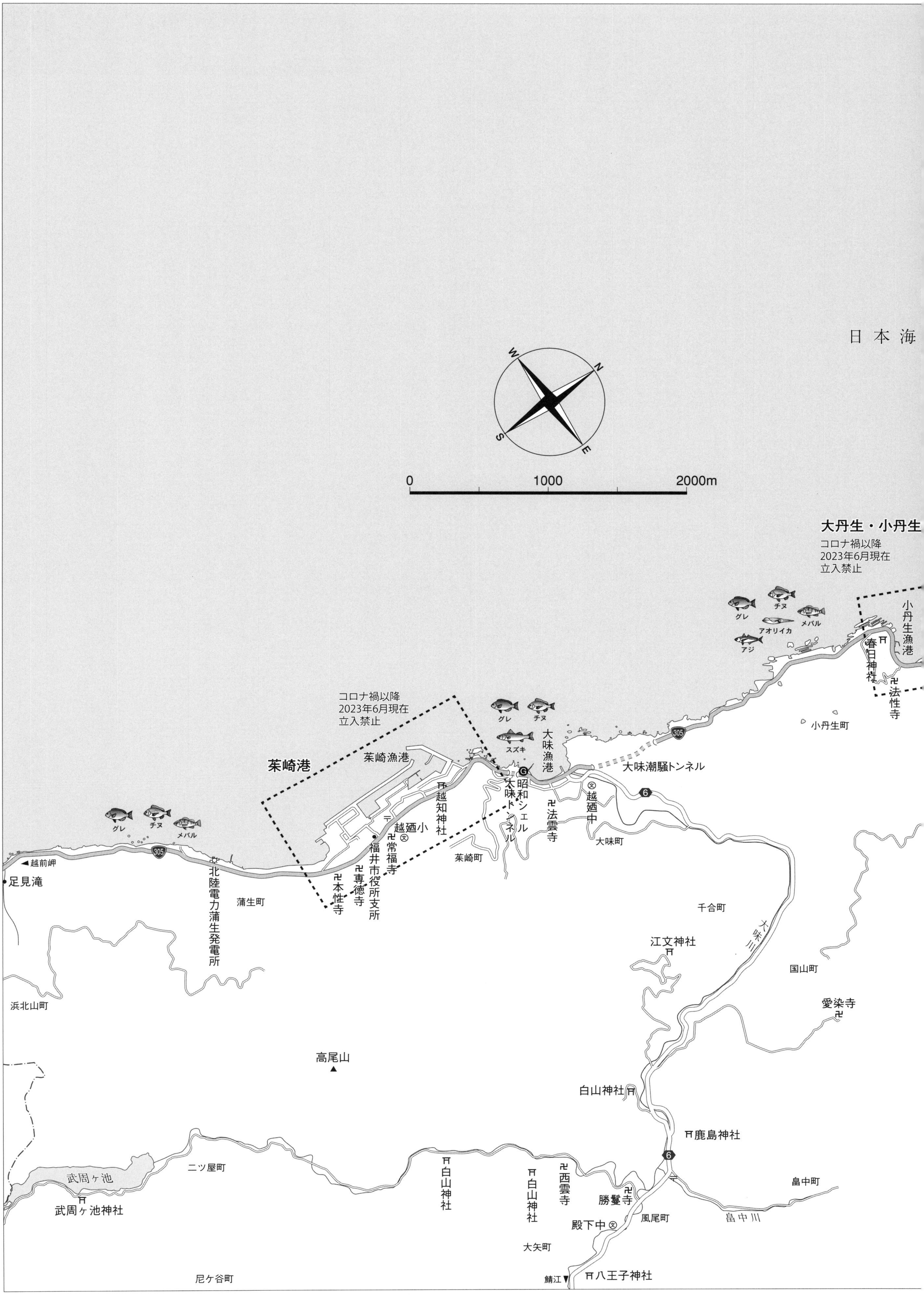

日本海
W
N
S
E
0
1000
2000m
大丹生・小丹生
コロナ禍以降
2023年6月現在
立入禁止
グレ
チヌ
メバル
アオリイカ
アジ
小丹生漁港
春日神社
法性寺
小丹生町
305
コロナ禍以降
2023年6月現在
立入禁止
グレ
チヌ
スズキ
大味漁港
大味潮騒トンネル
茱崎港
茱崎漁港
昭和シェル
大味トンネル
越知神社
越廼小
常福寺
福井市役所支所
専徳寺
本性寺
法雲寺
越廼中
6
大味町
茱崎町
グレ
チヌ
メバル
越前岬
足見滝
北陸電力蒲生発電所
蒲生町
千合町
大味川
江文神社
国山町
浜北山町
愛染寺
高尾山
白山神社
鹿島神社
二ツ屋町
武周ヶ池
武周ヶ池神社
白山神社
白山神社
西雲寺
勝鬘寺
畠中町
畠中川
風尾町
殿下中
大矢町
尼ケ谷町
鯖江
八王子神社

居倉（いくら）漁港～米ノ（こめの）
奇岩、呼鳥門に代表される左右周辺の海岸線は本格的な磯釣り場で国道から徒歩で磯の先端まで出られる所でグレやチヌ、ときに大型マダイがヒットする。先端までは足場が険しいのでフル装備はもちろんベテランと釣行するなど、事故には充分気を付けたい
魚見崎付近から越前岬の手前、長面磯あたりまでの磯へは左右漁港のあたらしや旅館の渡船で渡る
40cm級グレや青物も期待できる沖磯群が目白押し
主な渡船エリア
あたらしや旅館
0778-37-0261
越前岬
左右漁港
鳥糞岩
越前有情の碑
呼鳥門
魚見崎
呼鳥門トンネル
越前岬トンネル
越前町燈台
越前岬水仙ランド
梨子ヶ平
左右
清水農園
城有町
八ツ俣町
専慶寺
赤坂町
居倉町
居倉漁港
越前水仙の里公園
春日神社
禅海寺
光照寺
ガラガラ山キャンプ場
専西寺
赤坂八幡神社
ガラガラ山
越廼ふるさと資料館
春日神社
足見滝
茱崎
蒲生町
浜北山町
福井市
玉川トンネル
玉川洞窟観音
玉川海水浴場
玉川漁港
玉川
川トンネル
玉川川
血ヶ平
房山トンネル
玉川川支川
森越トンネル
梅浦
梅浦川
六所山
茗荷
大味川
武周ヶ池
二ツ屋町
武周ヶ池神社
宿
大谷寺
越知山
越知山神社
尼ケ谷町
エボシキャンプ場
丸山ファミリーパーク
笈松
悠久ロマンの森
入尾
山中トンネル
越前町
越前トンネル
下山中
蓮成寺
稲荷神社
林リボン
上山中
織田川
山中川
称名寺
小川
鞍骨川
四ツ杉
三崎
赤井谷
山田
入尾
稲荷神社
善金寺
稲荷神社
大王丸
織田小
ローソン
浄源寺
中
白山神社
上糸生
打越
丸山
萩野小
細野
平等
平等川
織田
劔公園
エネオス
笹川
織田文科歴史館
劔神社
神興寺
織田変電所
奥田金属
西ケ丘
興泉寺
萩野川
西楽寺
ファミリーマート
織田中
岩倉
神明神社
不老山公園
織田中央公園
織田温泉
鯖江
チヌ
グレ
マダイ
アオリイカ
スズキ

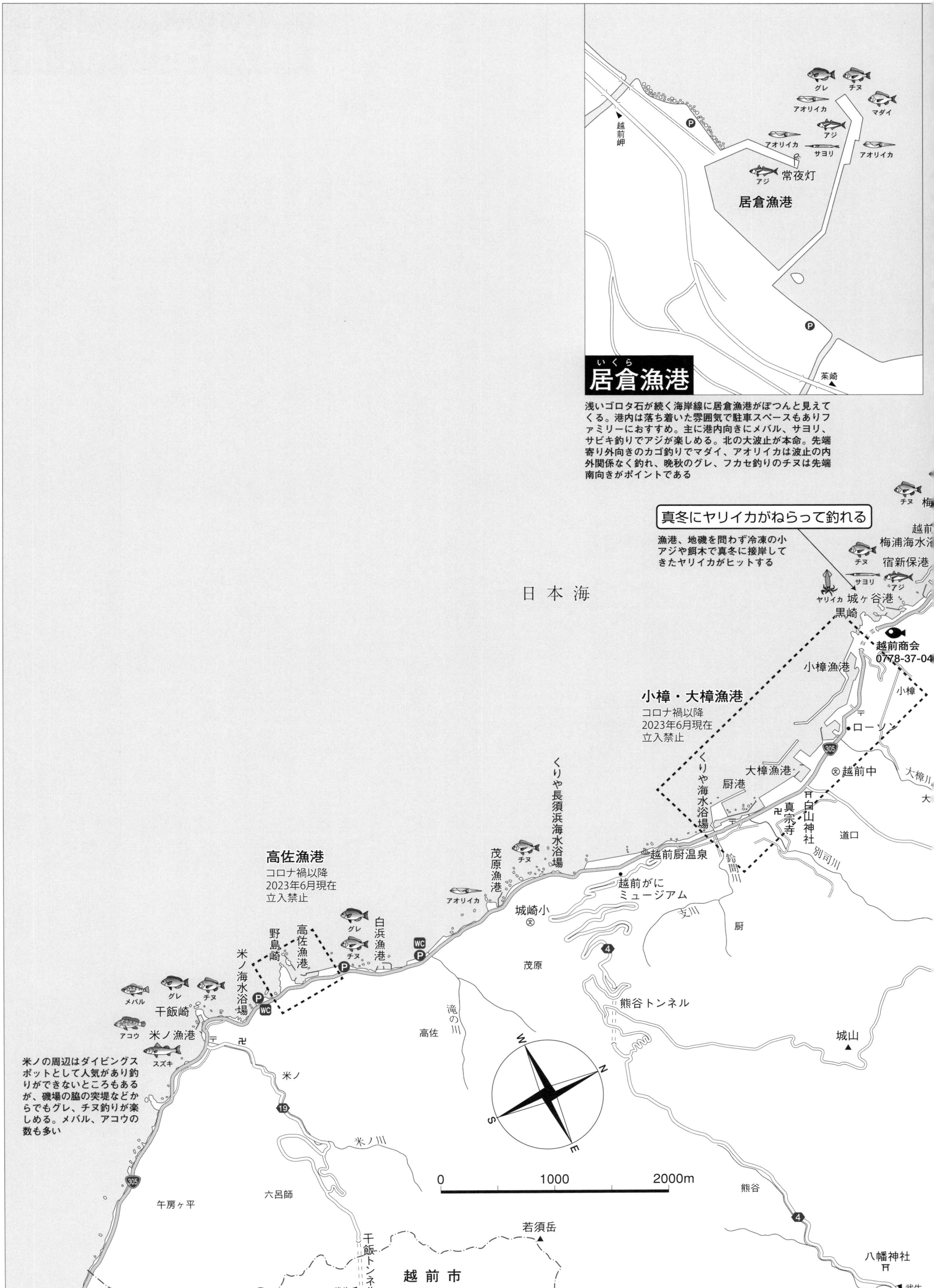

居倉漁港
浅いゴロタ石が続く海岸線に居倉漁港がぽつんと見えてくる。港内は落ち着いた雰囲気で駐車スペースもありファミリーにおすすめ。主に港内向きにメバル、サヨリ、サビキ釣りでアジが楽しめる。北の大波止が本命。先端寄り外向きのカゴ釣りでマダイ、アオリイカは波止の内外関係なく釣れ、晩秋のグレ、フカセ釣りのチヌは先端南向きがポイントである
グレ
チヌ
アオリイカ
マダイ
アジ
アオリイカ
サヨリ
アオリイカ
アジ
常夜灯
越前岬
茱崎
真冬にヤリイカがねらって釣れる
漁港、地磯を問わず冷凍の小アジや餌木で真冬に接岸してきたヤリイカがヒットする
日本海
チヌ
梅浦海水浴
宿新保港
サヨリ
アジ
ヤリイカ
城ヶ谷港
黒崎
越前商会
0778-37-04
小樟漁港
小樟・大樟漁港
コロナ禍以降
2023年6月現在
立入禁止
ローソン
大樟漁港
越前中
大樟川
厨港
くりや海水浴場
白山神社
真宗寺
道口
別司川
鈴間川
くりや長須浜海水浴場
越前厨温泉
越前がにミュージアム
茂原漁港
チヌ
アオリイカ
城崎小
支川
厨
高佐漁港
コロナ禍以降
2023年6月現在
立入禁止
グレ
チヌ
白浜漁港
高佐漁港
野島崎
米ノ海水浴場
茂原
熊谷トンネル
メバル
グレ
チヌ
干飯崎
アコウ
米ノ漁港
スズキ
滝の川
高佐
城山
米ノ
米ノの周辺はダイビングスポットとして人気があり釣りができないところもあるが、磯場の脇の突堤などからでもグレ、チヌ釣りが楽しめる。メバル、アコウの数も多い
W
N
S
E
米ノ川
0
1000
2000m
午房ヶ平
六呂師
熊谷
若須岳
干飯トンネル
八幡神社
越前市
敦賀
武生
武生

糠漁港～横浜

しおかぜラインはテトラから遠投しチヌとグレをねらえ！

大谷から河野まで、海岸線ぎりぎりを信号なしに景色を楽しみながら走れる越前・河野しおかぜライン（国道305号）。海側の護岸下にはほぼ全域にテトラが積まれている。釣りのポイントは分かりにくいがほぼ500m間隔で駐車帯があり、その付近の護岸には階段が設置してあって海に出られる。水深がないので遠投が有利ながらフカセ釣りでチヌやグレ、外道に良型アジがまじる。春先の穴釣りで良型ガシラのほかアコウやソイも出る

キスにまじるマゴチも面白い

大比田海水浴場、横浜海水浴場とも夏場をのぞき、投げ釣りでキスが釣れる。元比田海岸は根もありアイナメやヒラメ、マゴチも面白い

ねね崎の地磯は地元のフカセ釣りファンに人気のポイント。駐車スペースがあり安心して車をとめておけること、テトラの積み方がフラットで足場がよいこと、そして魚が多いことがその理由。チヌとグレが主な対象魚でチヌは年中、グレも5月ごろから釣れ始め夏場、食い止むものの秋口から小型が騒ぎ、晩秋から真冬は30cmクラスもまじる。メバルや良型アジも釣れ、サヨリを専門にねらって通う人もいる。尼御前トンネル周辺の地磯は南に流れる潮流でアタリが増える

ねね崎周辺

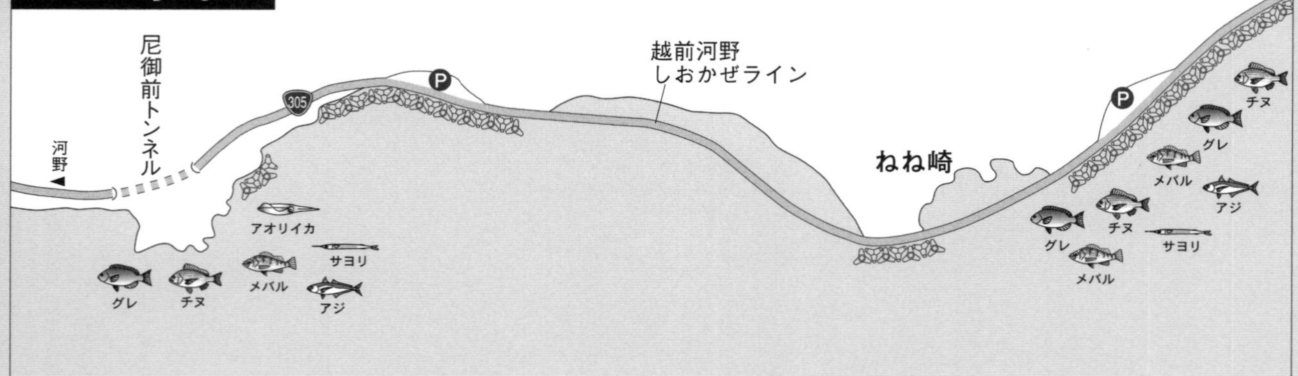

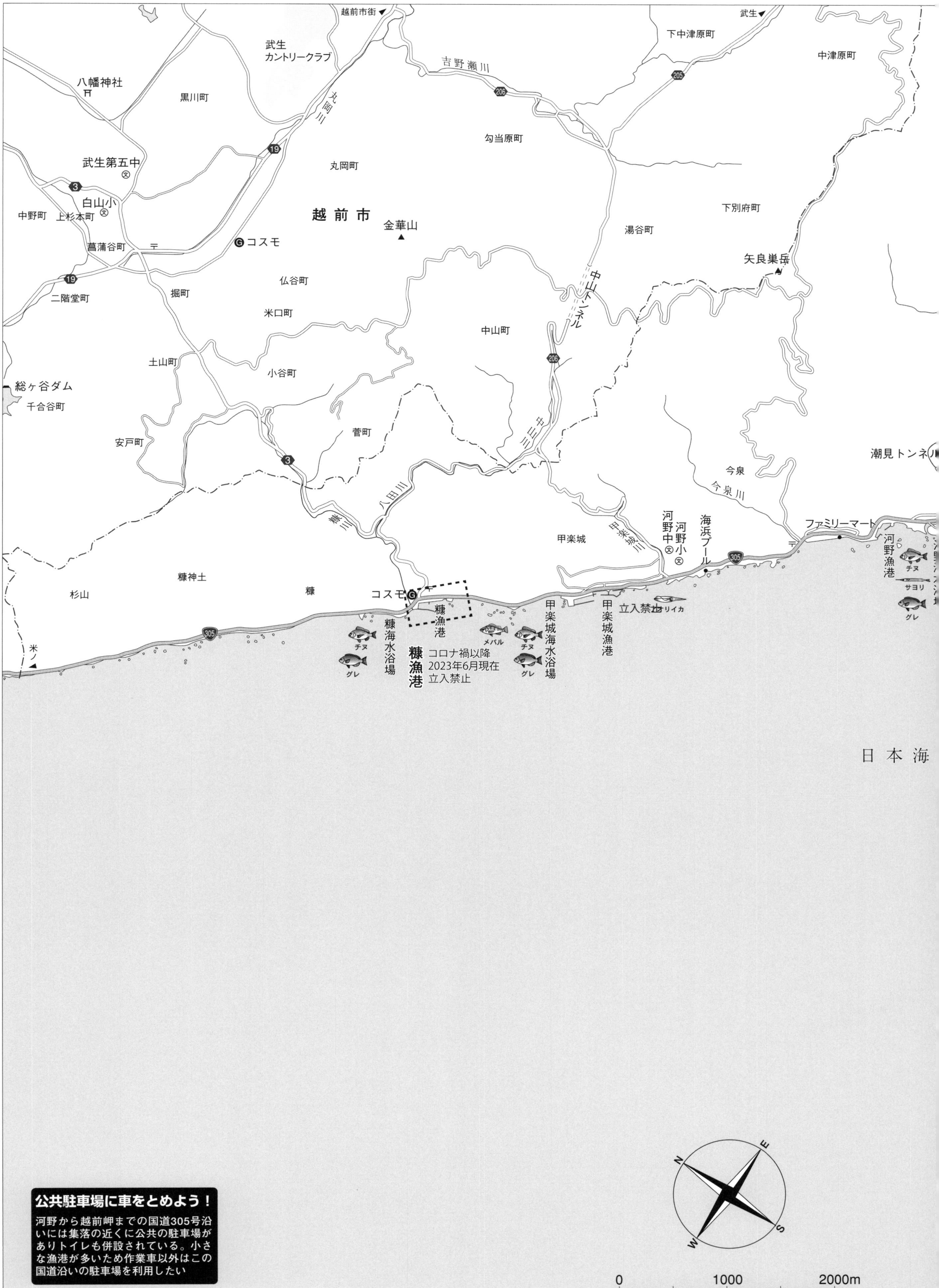

公共駐車場に車をとめよう！

河野から越前岬までの国道305号沿いには集落の近くに公共の駐車場がありトイレも併設されている。小さな漁港が多いため作業車以外はこの国道沿いの駐車場を利用したい

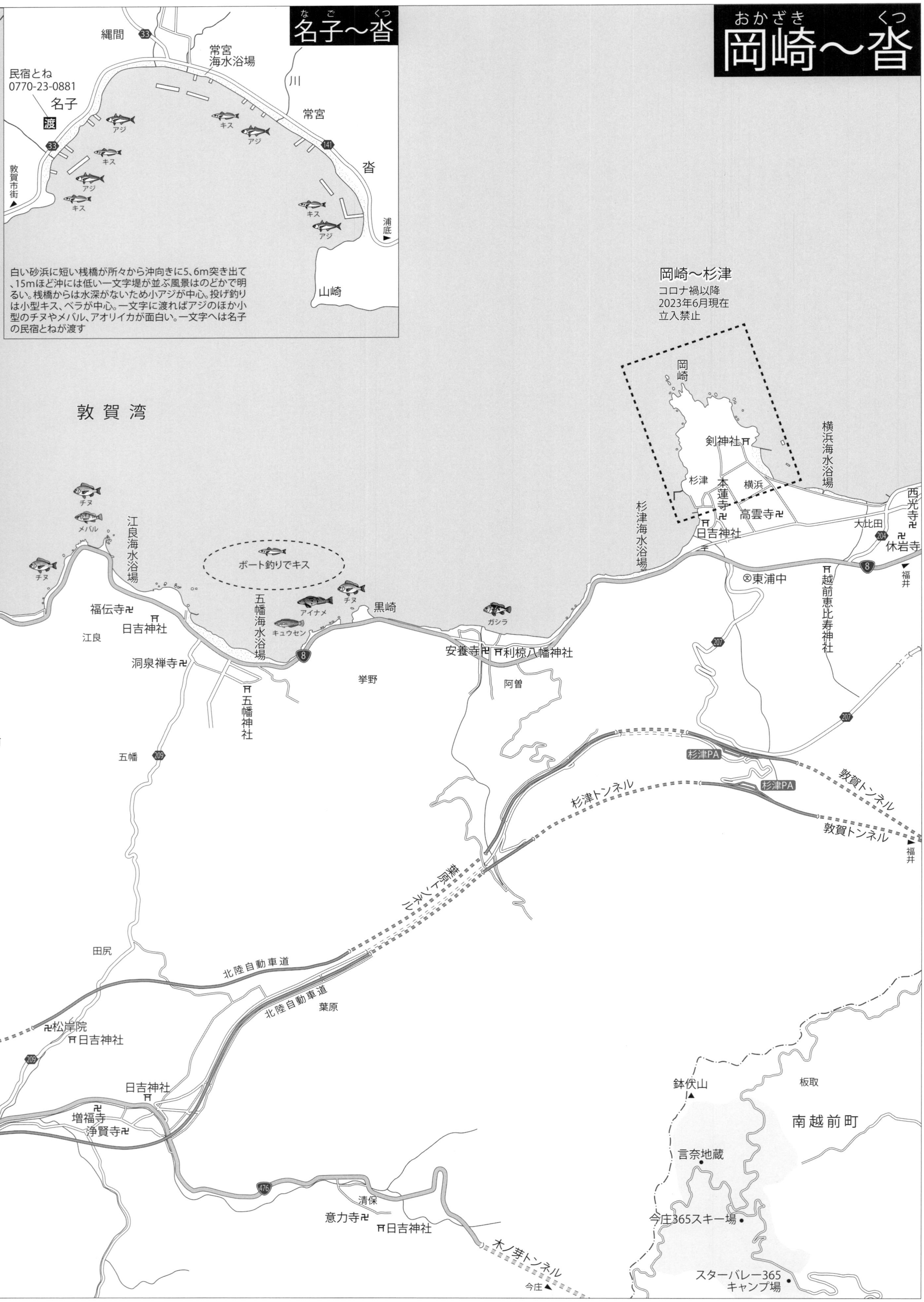

岡崎～沓
おかざき　くつ
名子～沓
なご　くつ
縄間
常宮
海水浴場
民宿とね
0770-23-0881
名子
渡
川
常宮
沓
敦賀市街
アジ
キス
浦底
山崎
白い砂浜に短い桟橋が所々から沖向きに5、6m突き出て、15mほど沖には低い一文字堤が並ぶ風景はのどかで明るい。桟橋からは水深がないため小アジが中心。投げ釣りは小型キス、ベラが中心。一文字に渡ればアジのほか小型のチヌやメバル、アオリイカが面白い。一文字へは名子の民宿とねが渡す
岡崎～杉津
コロナ禍以降
2023年6月現在
立入禁止
岡崎
剣神社
横浜海水浴場
杉津
本蓮寺
横浜
高雲寺
日吉神社
西光寺
大比田
休岩寺
福井
杉津海水浴場
東浦中
越前恵比寿神社
敦賀湾
チヌ
メバル
江良海水浴場
ボート釣りでキス
アイナメ
キュウセン
五幡海水浴場
黒崎
ガシラ
福伝寺
日吉神社
江良
洞泉禅寺
安養寺
利椋八幡神社
挙野
阿曽
五幡神社
五幡
杉津PA
敦賀トンネル
杉津トンネル
葉原トンネル
田尻
北陸自動車道
葉原
松岸院
日吉神社
増福寺
浄賢寺
清保
意力寺
木ノ芽トンネル
今庄
鉢伏山
板取
南越前町
言奈地蔵
今庄365スキー場
スターバレー365
キャンプ場

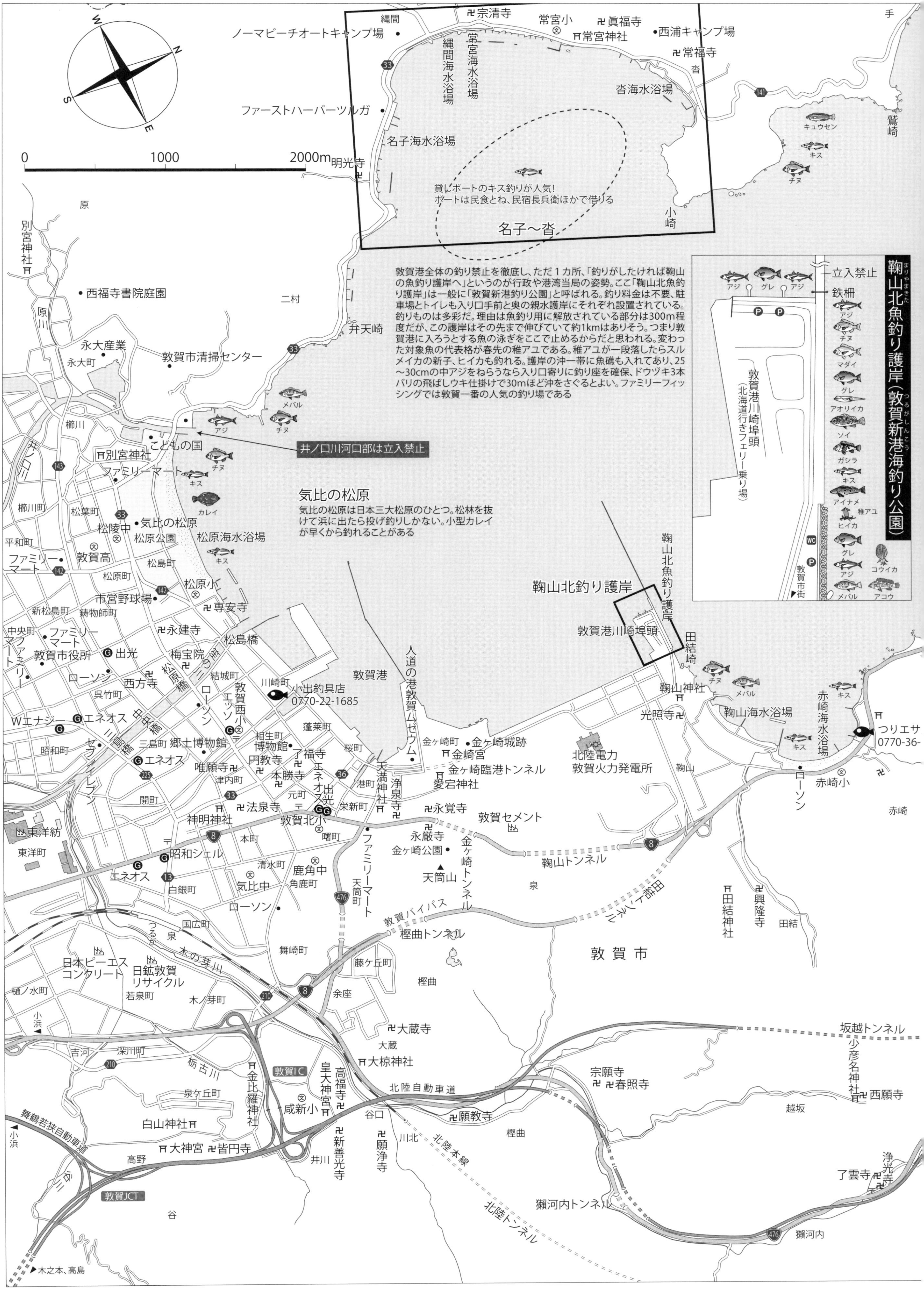
鞠山北魚釣り護岸（敦賀新港海釣り公園）
まりやまきた
つるがしんこう
敦賀港全体の釣り禁止を徹底し、ただ１カ所、「釣りがしたければ鞠山の魚釣り護岸へ」というのが行政や港湾当局の姿勢。ここ「鞠山北魚釣り護岸」は一般に「敦賀新港釣り公園」と呼ばれる。釣り料金は不要、駐車場とトイレも入り口手前と奥の親水護岸にそれぞれ設置されている。釣りものは多彩だ。理由は魚釣り用に解放されている部分は300m程度だが、この護岸はその先まで伸びていて約1kmはありそう。つまり敦賀港に入ろうとする魚の泳ぎをここで止めるからだと思われる。変わった対象魚の代表格が春先の稚アユである。稚アユが一段落したらスルメイカの新子、ヒイカも釣れる。護岸の沖一帯に魚礁も入れてあり、25〜30cmの中アジをねらうなら入り口寄りに釣り座を確保、ドウヅキ3本バリの飛ばしウキ仕掛けで30mほど沖をさぐるとよい。ファミリーフィッシングでは敦賀一番の人気の釣り場である
気比の松原
気比の松原は日本三大松原のひとつ。松林を抜けて浜に出たら投げ釣りしかない。小型カレイが早くから釣れることがある
貸しボートのキス釣りが人気！
ボートは民食とね、民宿長兵衛ほかで借りる
名子〜沓
井ノ口川河口部は立入禁止
鞠山北釣り護岸
鞠山北魚釣り護岸
敦賀港川崎埠頭
敦賀港川崎埠頭（北海道行きフェリー乗り場）
立入禁止
鉄柵
アジ
グレ
チヌ
マダイ
アオリイカ
ソイ
ガシラ
キス
アイナメ
稚アユ
ヒイカ
コウイカ
メバル
アコウ
カレイ
キュウセン
敦賀市街
0
1000
2000m
縄間
宗清寺
常宮小
眞福寺
常宮神社
西浦キャンプ場
常福寺
ノーマビーチオートキャンプ場
縄間海水浴場
常宮海水浴場
沓海水浴場
沓
ファーストハーバーツルガ
名子海水浴場
明光寺
小崎
鷲崎
手
原
別宮神社
西福寺書院庭園
二村
原川
弁天崎
永大産業
永大町
敦賀市清掃センター
櫛川
井ノ口川
こどもの国
別宮神社
ファミリーマート
櫛川町
松葉町
松陵中
気比の松原
松原公園
松原海水浴場
平和町
ファミリーマート
敦賀高
松島町
松原町
松原小
専安寺
市営野球場
新松島町
鋳物師町
永建寺
松島橋
中央町
ファミリーマート
ファミリーマート
敦賀市役所
出光
梅宝院
ローソン
西方寺
結城町
松栄橋
川崎町
小出釣具店
0770-22-1685
呉竹町
敦賀西小
エッソ
ローソン
Wエナジー
エネオス
中央橋
相生町
博物館
昭和町
三島町
郷土博物館
エネオス
三島橋
セブンイレブン
了福寺
円教寺
唯願寺
本勝寺
エネオス
出光
津内町
元町
法泉寺
栄新町
開町
神明神社
敦賀北小
曙町
東洋紡
東洋町
本町
昭和シェル
エネオス
清水町
鹿角中
角鹿町
気比中
白銀町
ローソン
国広町
泉
木の芽川
日本ピーエス コンクリート
日鉱敦賀 リサイクル
舞崎町
樋ノ水町
若泉町
木ノ芽町
小浜
吉河
深川町
笙の川
泉ケ丘町
金比羅神社
敦賀IC
皇大神宮
高福寺
咸新小
白山神社
大神宮
皆円寺
新善光寺
高野
井川
敦賀JCT
谷
舞鶴若狭自動車道
木之本、高島
敦賀港
人道の港敦賀ムゼウム
蓬莱町
桜町
港町
天満神社
浄泉寺
金ヶ崎町
金ヶ崎城跡
金崎宮
金ヶ崎臨港トンネル
愛宕神社
永覚寺
永厳寺
金ヶ崎公園
ファミリーマート
天筒町
天筒山
金ヶ崎トンネル
敦賀セメント
鞠山トンネル
泉
敦賀バイパス
樫曲トンネル
藤ケ丘町
樫曲
余座
大蔵寺
大蔵
大椋神社
北陸自動車道
谷口
川北
願浄寺
北陸本線
願教寺
宗願寺
春照寺
獺河内トンネル
北陸トンネル
獺河内
鞠山神社
光照寺
北陸電力 敦賀火力発電所
鞠山
鞠山海水浴場
田結崎
赤崎海水浴場
ローソン
赤崎小
赤崎
つりエサ
0770-36-
田結神社
興隆寺
田結
敦賀市
坂越トンネル
少彦名神社
西願寺
越坂
了雲寺
浄光寺
敦賀トンネル

 ●改正SOLAS条約により、立ち入り禁止となっている埠頭などがあります（詳細はP64）。

手の浦～竹波

発電所の温かい排水の一部が流れ込む入り江は冬場に魚が集まるところ。チヌ、マダイ、キスの良型が期待できる。ただ最近は排水が出ないこともありかつてほどの人気はない。北西風に強く足場がよいのは魅力だ

手の浦の浜は磯ザオを使用した敦賀流の渚釣りの実績ポイント。特に浜北寄りのシモリとシモリの間の砂底が面白い

手の浦は敦賀湾ナンバーワンのキス釣り場。夜の大型に実績があり30cmオーバーの記録も残っている。ポイントは鷲崎寄りにあり、夜、チロリをエサに置きザオでアタリを待つ。チヌやスズキが仕掛けをひったくることも。敦賀湾口に向かって浜が開けているので潮流がキャスティングエリアにうまく魚を運んでくれるようだ。5月から10月が好シーズン。海水浴客が多い夏場は避けたい

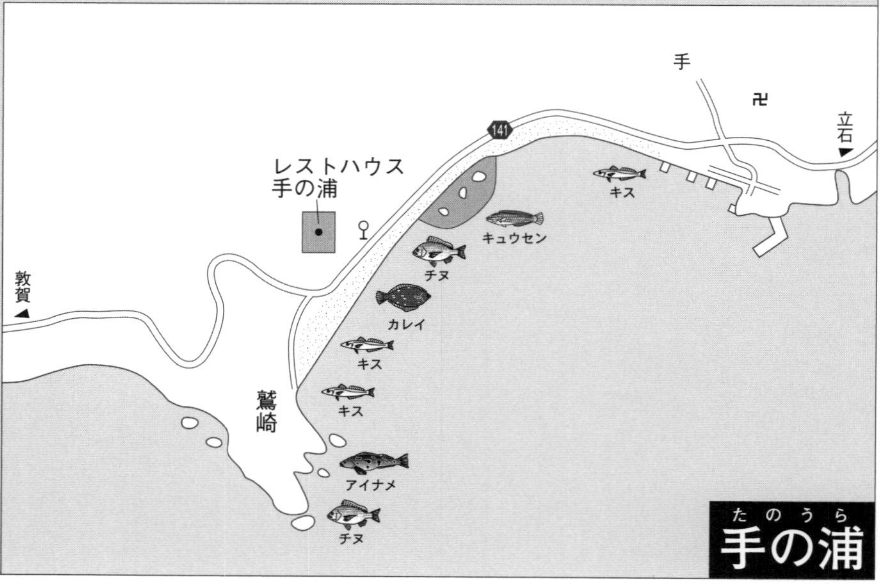

丹生周辺の磯へは仲塚渡船、道保渡船丸で渡る

小さな磯が多い丹生の渡船区は、グレもチヌも数が期待できる。タルミと滝ノ下の間が丹生と白木の渡船区の境界

丹生

発電所の関係者しか渡れない丹生大橋から奥の丹生の浦はかつてマダイの自然放流養殖のため釣りができなかった。現在は放流養殖を中断しているようだが漁協の釣りイカダや、埋立地の地先に遊魚者向け釣り施設を作る計画があるようで釣りをしないほうがよい。橋下はアオリイカが面白い。南へ下り丹生、竹波、水晶浜、ダイヤ浜はキス、カレイの投げ釣り場。浜の所々に小さな岩場があり、この周辺は渚釣りの好ポイント

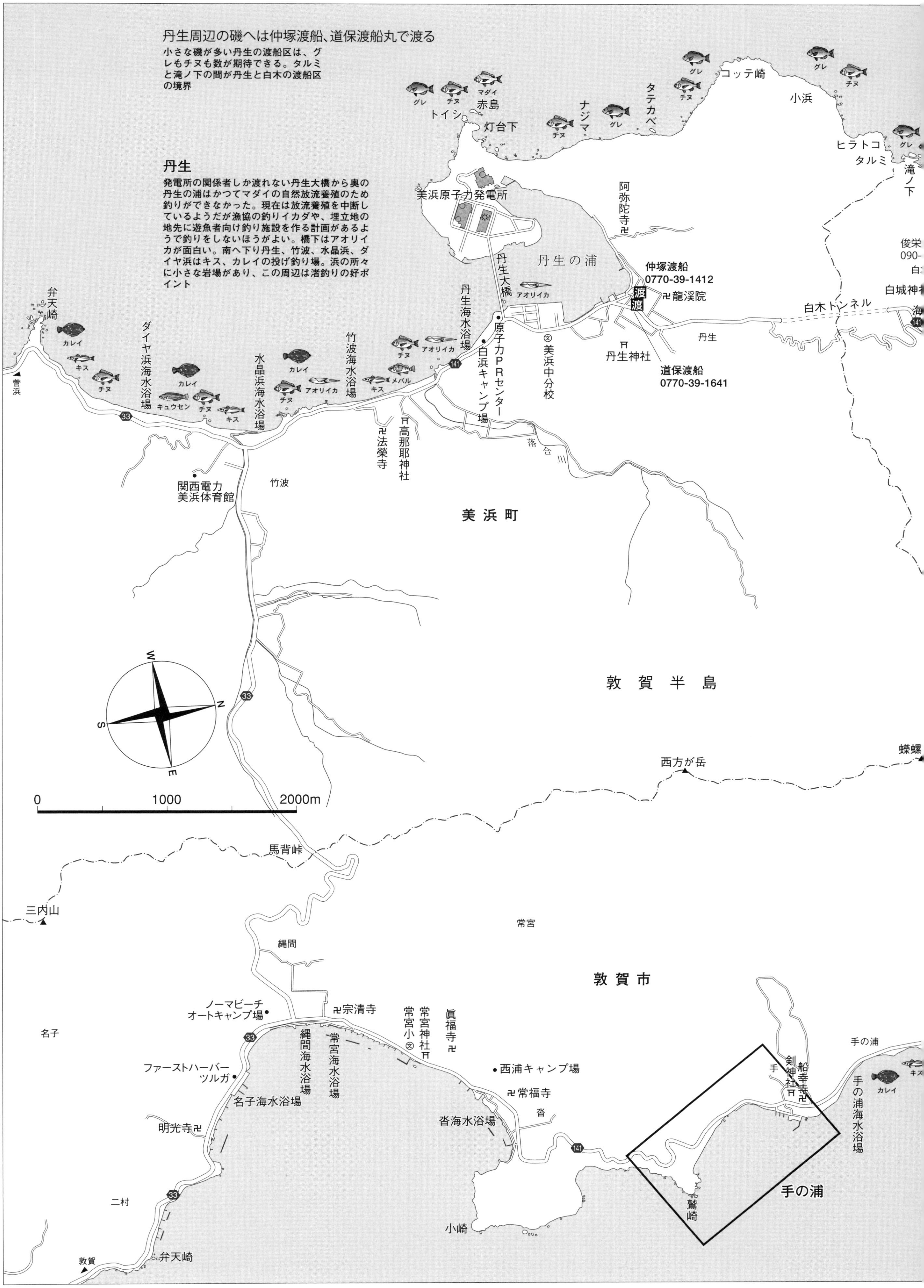

菅浜（すがはま）〜久々子（くぐし）海岸

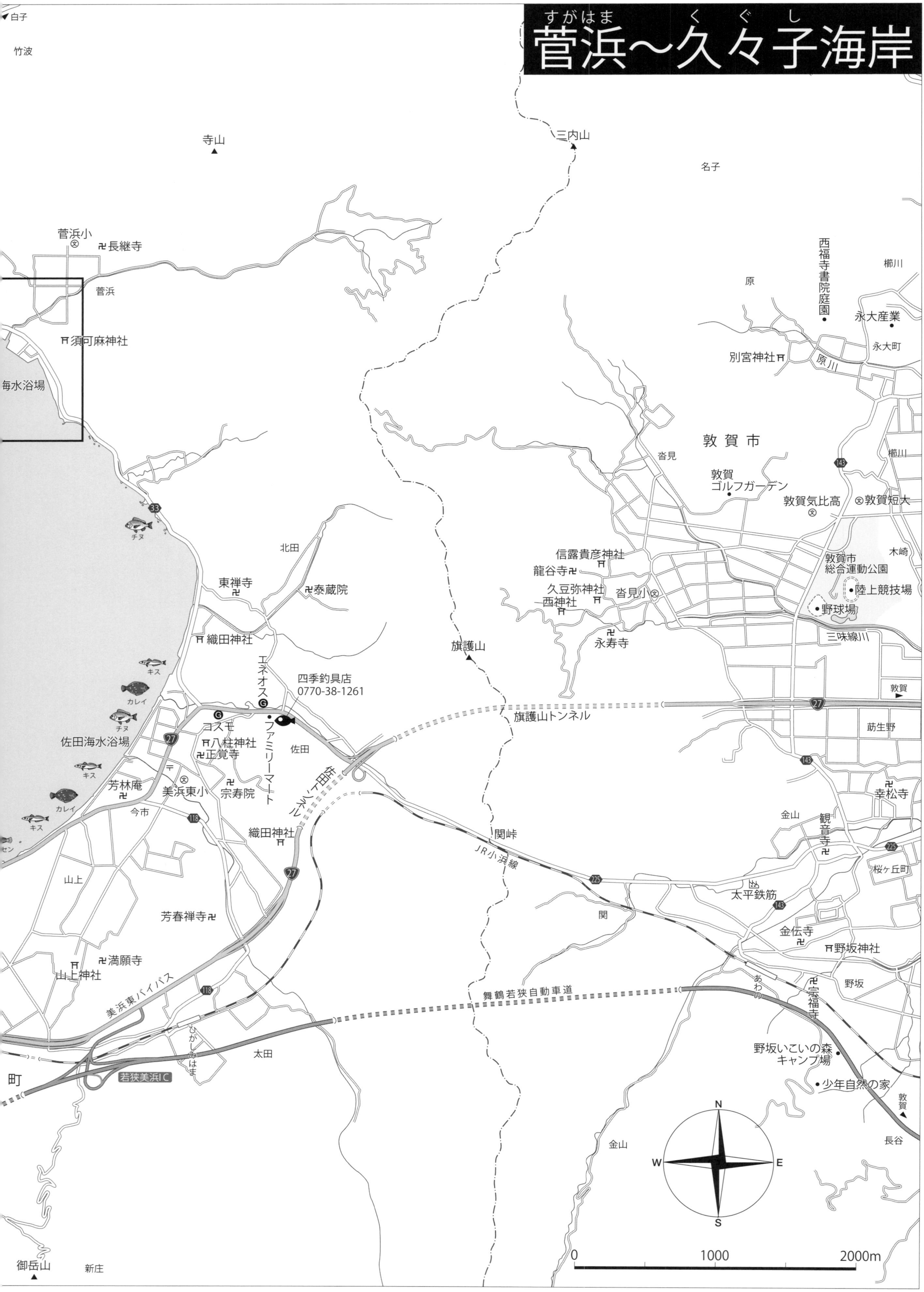

白子
竹波
寺山
三内山
名子
菅浜小
長継寺
菅浜
須可麻神社
海水浴場
西福寺書院庭園
原
櫛川
永大産業
永大町
別宮神社
原川
敦賀市
沓見
櫛川
敦賀
ゴルフガーデン
敦賀気比高
敦賀短大
木崎
敦賀市
総合運動公園
陸上競技場
野球場
信露貴彦神社
龍谷寺
久豆弥神社
西神社
沓見小
永寿寺
三味線川
北田
東禅寺
泰蔵院
織田神社
旗護山
エネオス
四季釣具店
0770-38-1261
チヌ
キス
カレイ
チヌ
コスモ
ファミリーマート
八柱神社
正覚寺
佐田
佐田海水浴場
旗護山トンネル
佐田トンネル
敦賀
莇生野
芳林庵
美浜東小
宗寿院
今市
キス
カレイ
キス
セン
織田神社
幸松寺
金山
観音寺
関峠
JR小浜線
桜ケ丘町
山上
太平鉄筋
芳春禅寺
関
金伝寺
野坂神社
満願寺
山上神社
美浜東バイパス
舞鶴若狭自動車道
あわの
宗福寺
野坂
太田
ひがしみはま
野坂いこいの森
キャンプ場
若狭美浜IC
町
少年自然の家
敦賀
N
W
E
S
長谷
金山
0
1000
2000m
御岳山
新庄

菅浜（すがはま）

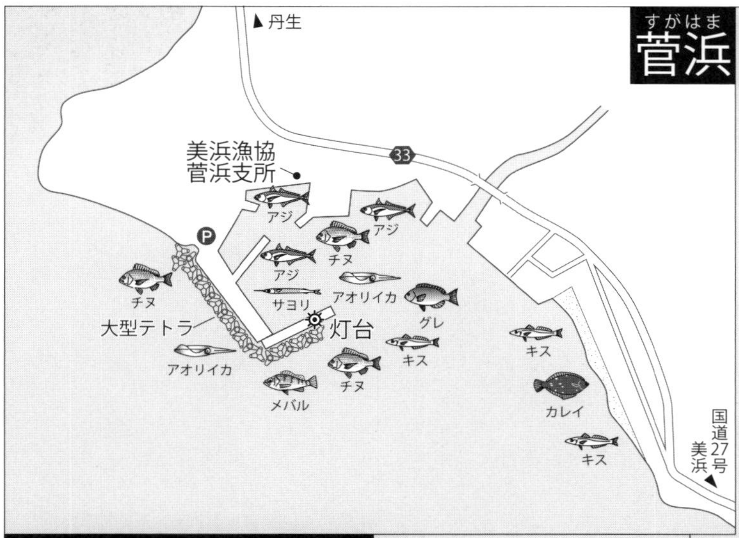

菅浜の港は半島の付け根、城ヶ崎の南にあるため北の風に強く、秋から港内向きでチヌ釣りが面白い。外向きはチヌ、グレ、メバルをねらうベテランの姿を見かけるが大きなテトラが幅広く積んであり滑りやすい。内向き、波止先端のファミリーフィッシングで小アジ、エギングによるアオリイカねらいで訪れる人が多い。紀州釣りで小型チヌ釣りを楽しむダンゴ派が通っているのが特徴だ

和田自然公園裏（わだ）

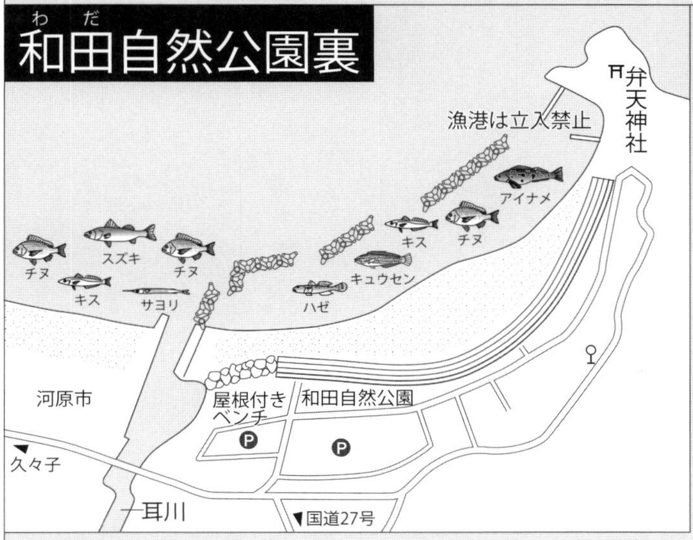

耳川河口の右岸側に「和田自然公園」がある。陸側に広い駐車場、憩いの広場、休憩のための屋根付きベンチ、トイレをぜいたくにレイアウト、土手を越え海側に出ると階段状のベランダ、その下に浜が続く。浜はキス、ハゼ、キュウセン、川が流れ込んでいるため夜はスズキ、チヌが期待できる。耳川河口の右岸は足場のよい台形テトラが規則的に並び、流れの吐き出しにカゴを付けないサヨリ仕掛けを流すと型のよいサヨリが釣れる

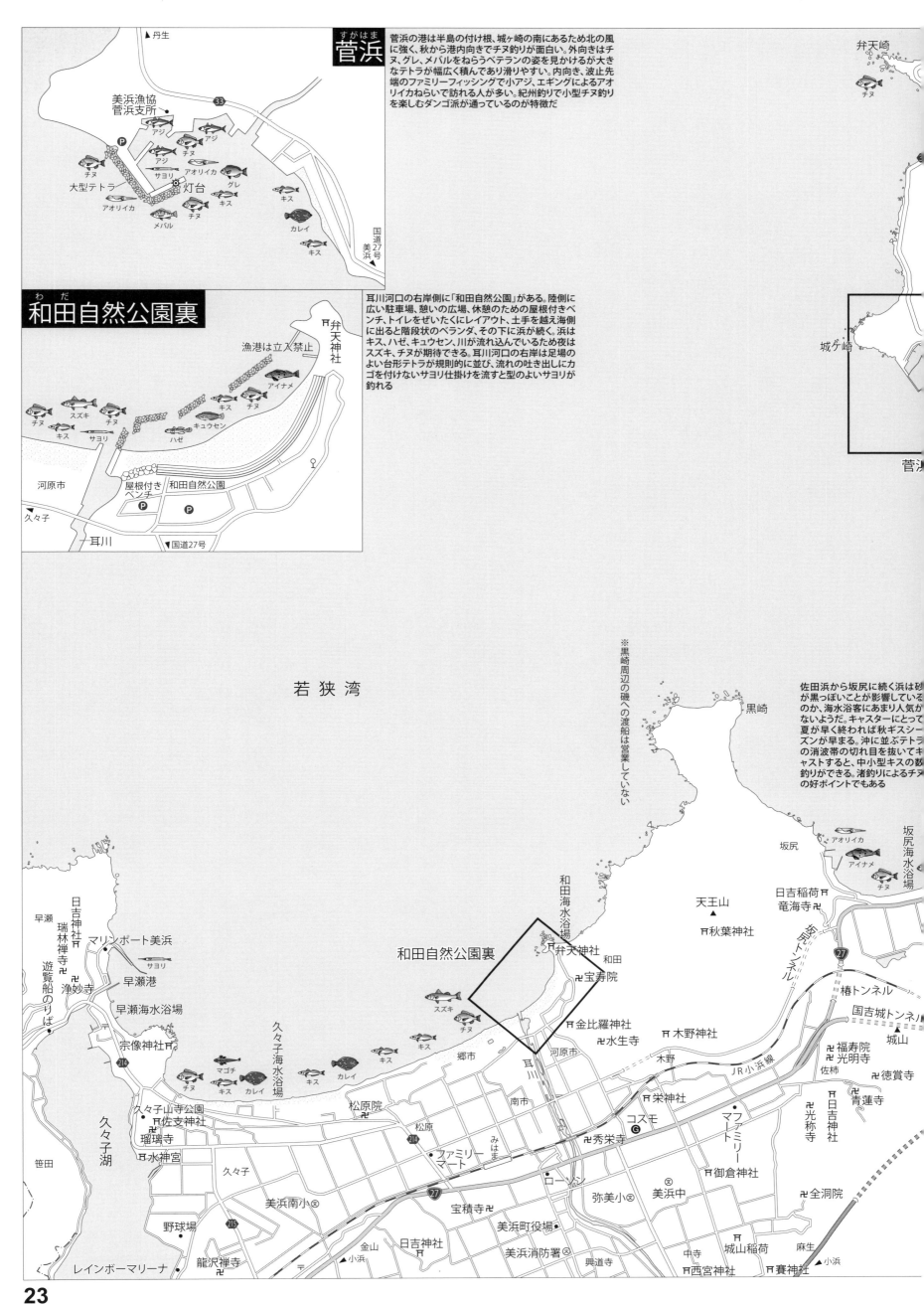

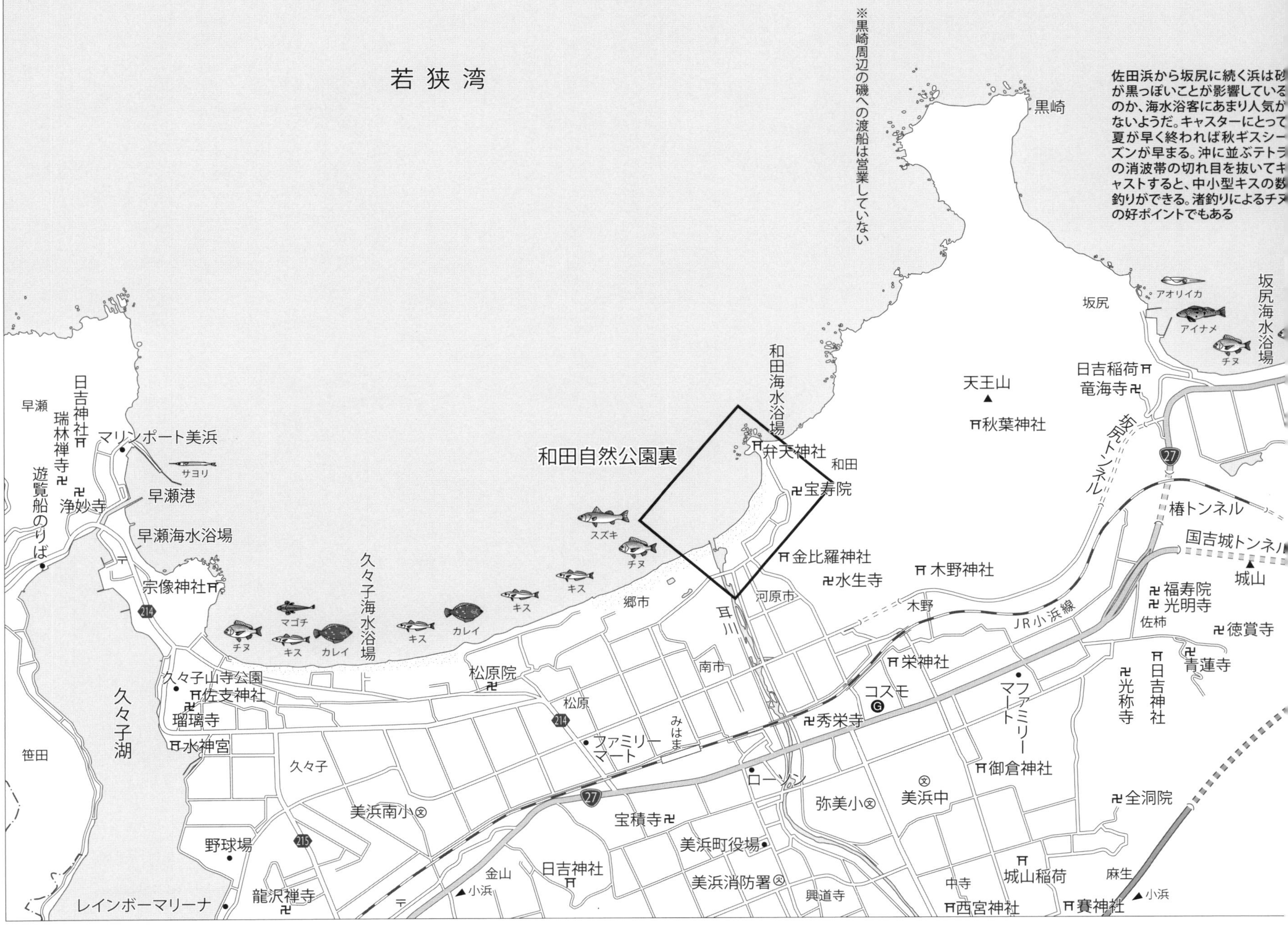

佐田浜から坂尻に続く浜は砂が黒っぽいことが影響しているのか、海水浴客にあまり人気がないようだ。キャスターにとって夏が早く終われば秋ギスシーズンが早まる。沖に並ぶテトラの消波帯の切れ目を抜いてキャストすると、中小型キスの数釣りができる。渚釣りによるチヌの好ポイントでもある

早瀬～常神

(はやせ～つねがみ)

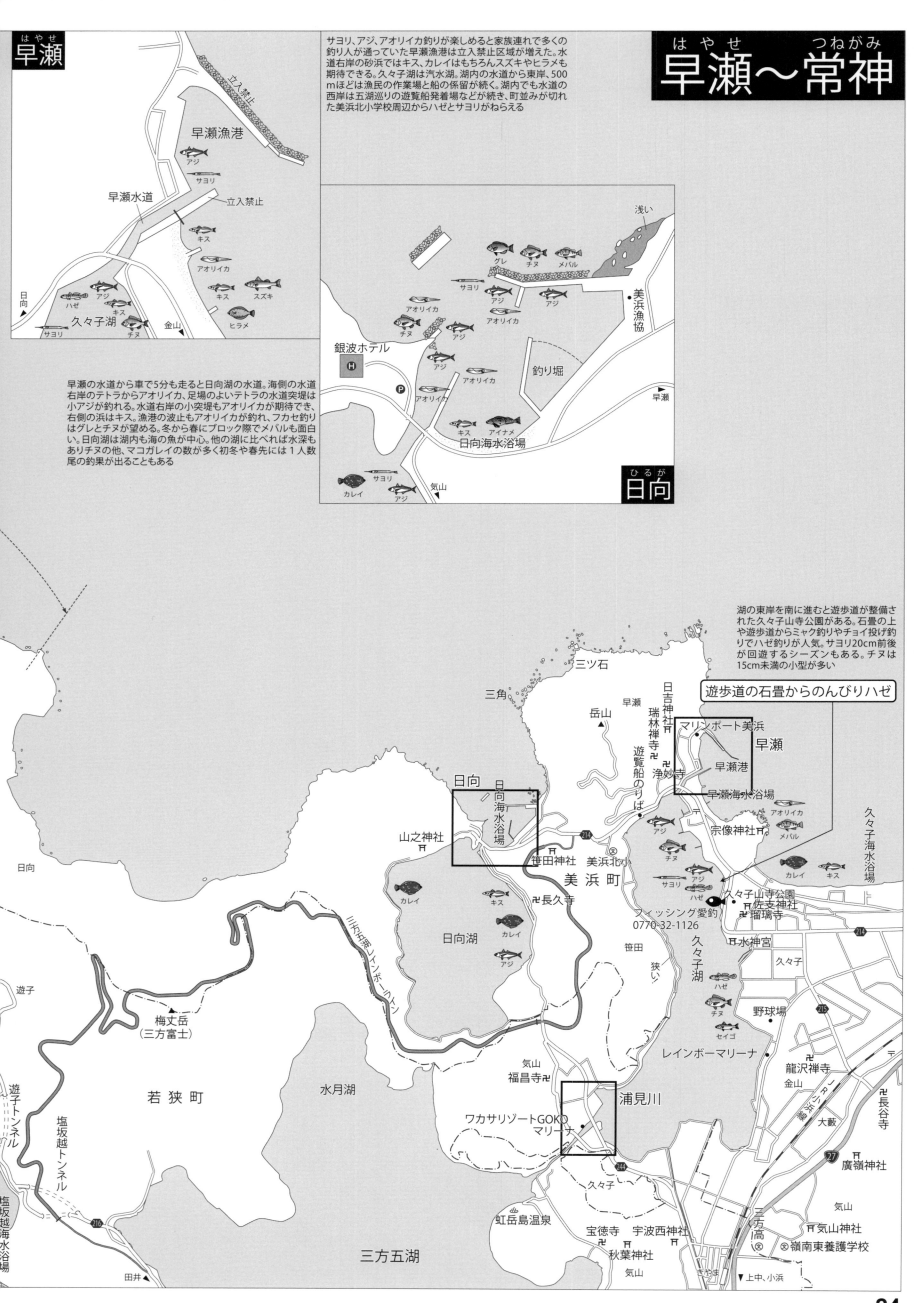

サヨリ、アジ、アオリイカ釣りが楽しめると家族連れで多くの釣り人が通っていた早瀬漁港は立入禁止区域が増えた。水道右岸の砂浜ではキス、カレイはもちろんスズキやヒラメも期待できる。久々子湖は汽水湖。湖内の水道から東岸、500mほどは漁民の作業場と船の係留が続く。湖内でも水道の西岸は五湖巡りの遊覧船発着場などが続き、町並みが切れた美浜北小学校周辺からハゼとサヨリがねらえる

早瀬
はやせ
立入禁止
早瀬漁港
アジ
サヨリ
早瀬水道
立入禁止
キス
アオリイカ
キス
スズキ
ハゼ
アジ
キス
日向
久々子湖
サヨリ
チヌ
金山
ヒラメ

浅い
グレ
チヌ
メバル
サヨリ
アジ
アジ
美浜漁協
アオリイカ
チヌ
アジ
アオリイカ
銀波ホテル
アジ
釣り堀
アオリイカ
アオリイカ
早瀬
キス
アイナメ
日向海水浴場
サヨリ
カレイ
アジ
気山
ひるが
日向

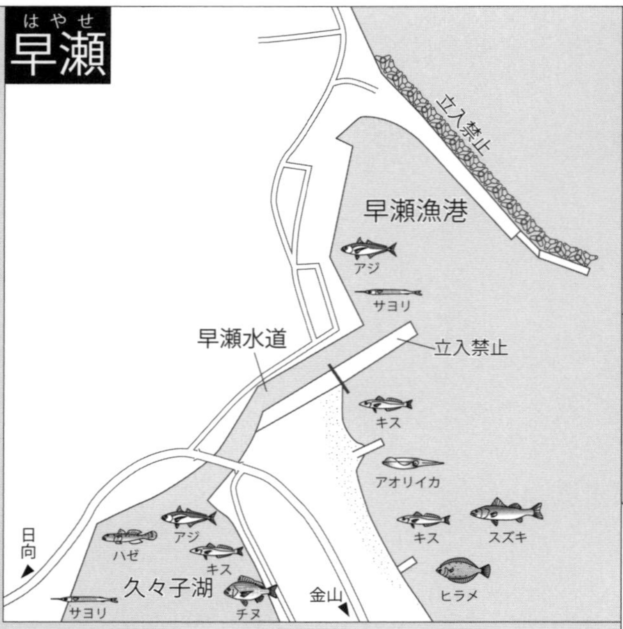

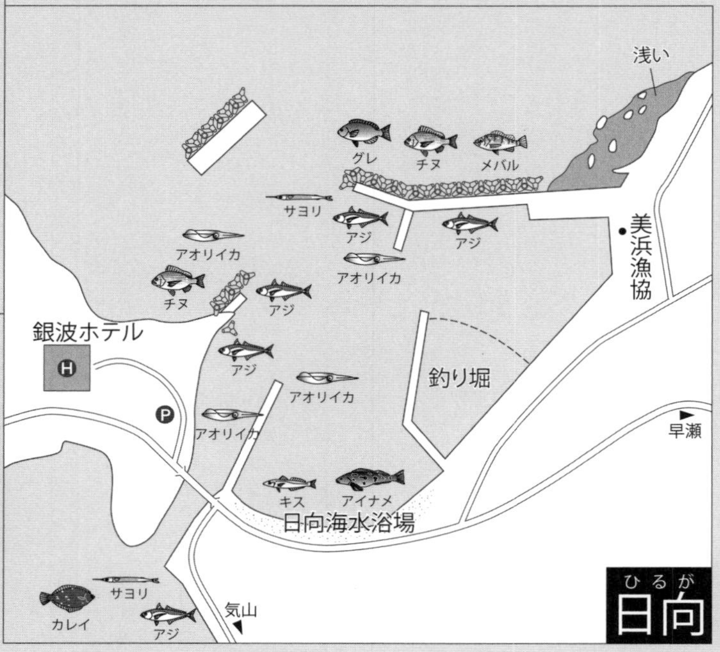

早瀬の水道から車で5分も走ると日向湖の水道。海側の水道右岸のテトラからアオリイカ、足場のよいテトラの水道突堤は小アジが釣れる。水道右岸の小突堤もアオリイカが期待でき、右側の浜はキス。漁港の波止からもアオリイカが釣れ、フカセ釣りはグレとチヌが望める。冬から春にブロック際でメバルも面白い。日向湖は湖内も海の魚が中心。他の湖に比べれば水深もありチヌの他、マコガレイの数が多く初冬や春先には１人数尾の釣果が出ることもある

湖の東岸を南に進むと遊歩道が整備された久々子山寺公園がある。石畳の上や遊歩道からミャク釣りやチョイ投げ釣りでハゼ釣りが人気。サヨリ20cm前後が回遊するシーズンもある。チヌは15cm未満の小型が多い

遊歩道の石畳からのんびりハゼ
三ツ石
三角
早瀬
岳山
日吉神社
瑞林禅寺
マリンポート美浜
早瀬
早瀬港
浄妙寺
遊覧船のりば
早瀬海水浴場
日向
日向海水浴場
アオリイカ
メバル
宗像神社
久々子海水浴場
山之神社
アジ
チヌ
笹田神社
美浜北小
日向
美浜町
アジ
サヨリ
ハゼ
カレイ
キス
カレイ
キス
長久寺
久々子山寺公園
佐支神社
瑠璃寺
フィッシング愛釣
0770-32-1126
三方五湖レインボーライン
カレイ
日向湖
笹田
久々子湖
水神宮
狭い
久々子
アジ
遊子
ハゼ
梅丈岳
(三方富士)
チヌ
野球場
セイゴ
レインボーマリーナ
気山
龍沢禅寺
福昌寺
金山
若狭町
水月湖
浦見川
遊子トンネル
塩坂越トンネル
ワカサリゾートGOKOマリーナ
JR小浜線
長谷寺
大藪
廣嶺神社
久々子
塩坂越海水浴場
虹岳島温泉
気山
気山神社
宝徳寺
宇波西神社
三方高
嶺南東養護学校
秋葉神社
三方五湖
田井
気山
上中、小浜

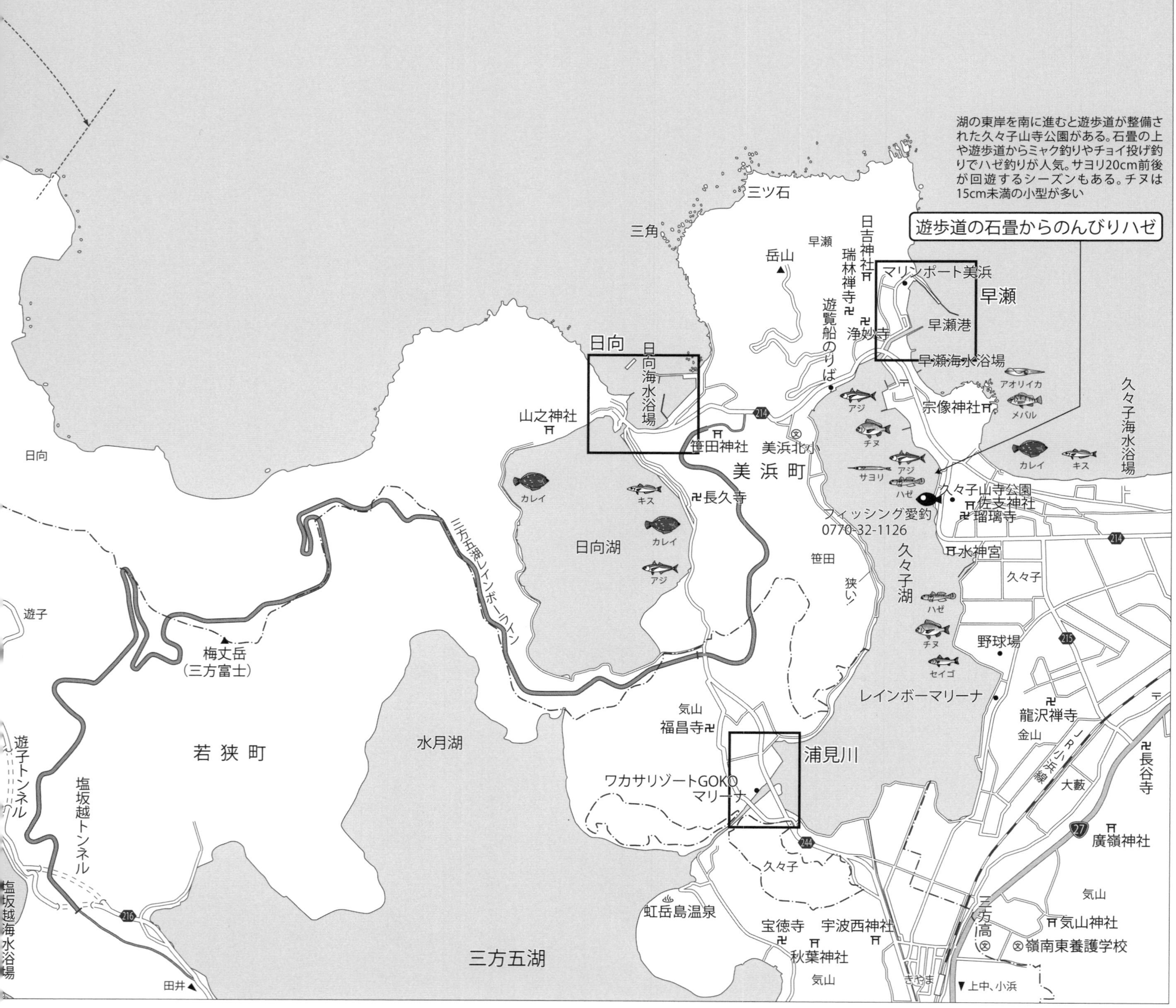

御神島周辺へは常神の長松渡船で渡る

常神半島の渡船基地は小川、神子（みこ）、常神の3カ所。小川の神子側の境界はヤマブシまで、神子と常神の境界は神子崎で、神子崎から北、常神岬を回り段々の赤グリまでが常神の磯。御神島（おんがみじま）は常神の磯、千島群礁は小川と神子の両方の渡船が渡す

千島群礁へは小川の江村渡船、神子の大観渡船で渡る

久々子湖と水月湖を結ぶ浦見川は運河で釣りのポイントは久々子湖側。水の流れが魚を集め、ハゼの他に小チヌ、セイゴ、小型カレイまでヒットする五目釣り場。どれも手のひらまでだが、水道と田園風景がのどか。夜、湖面に向かって電気ウキを流すとセイゴ級から70cmオーバーのスズキが期待できる。特にゴカイ類のバチ抜け時は大型スズキが驚くような浅場でヒットすることがある

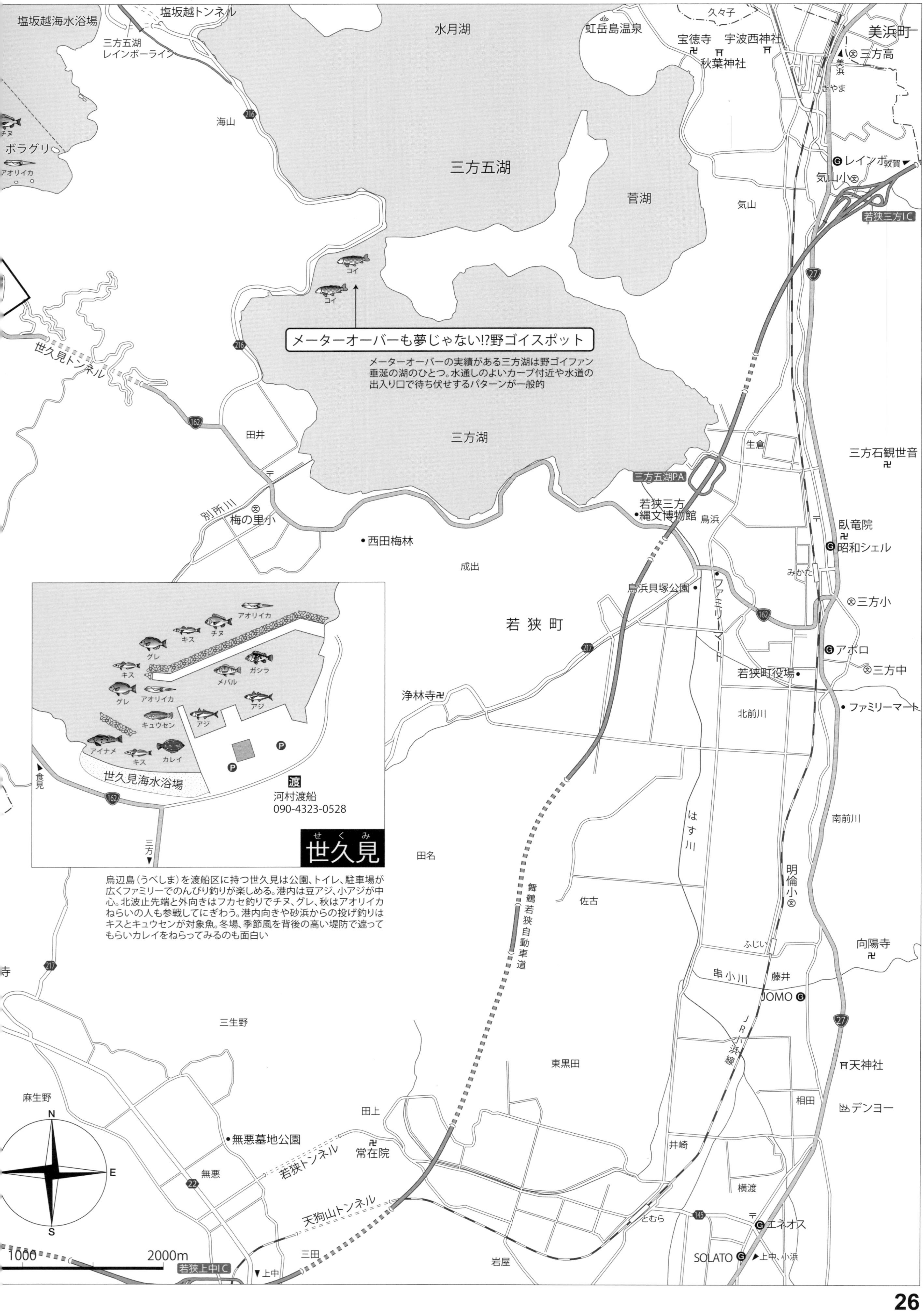

メーターオーバーも夢じゃない!?野ゴイスポット

メーターオーバーの実績がある三方湖は野ゴイファン垂涎の湖のひとつ。水通しのよいカーブ付近や水道の出入り口で待ち伏せするパターンが一般的

烏辺島（うべしま）を渡船区に持つ世久見は公園、トイレ、駐車場が広くファミリーでのんびり釣りが楽しめる。港内は豆アジ、小アジが中心。北波止先端と外向きはフカセ釣りでチヌ、グレ、秋はアオリイカねらいの人も参戦してにぎわう。港内向きや砂浜からの投げ釣りはキスとキュウセンが対象魚。冬場、季節風を背後の高い堤防で遮ってもらいカレイをねらってみるのも面白い

世久見〜阿納

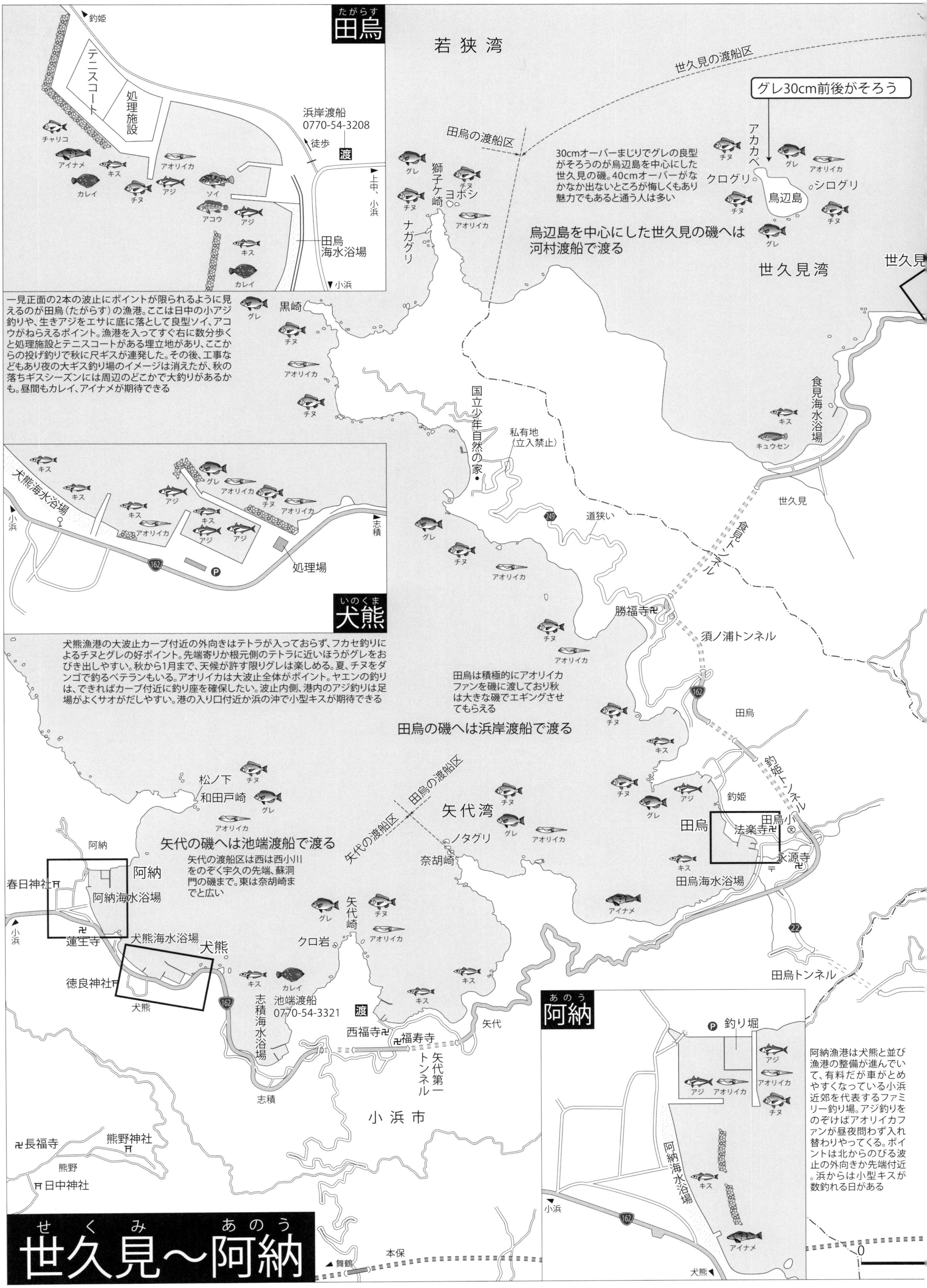

一見正面の2本の波止にポイントが限られるように見えるのが田烏（たがらす）の漁港。ここは日中の小アジ釣りや、生きアジをエサに底に落として良型ソイ、アコウがねらえるポイント。漁港を入ってすぐ右に数分歩くと処理施設とテニスコートがある埋立地があり、ここからの投げ釣りで秋に尺ギスが連発した。その後、工事などもあり夜の大ギス釣り場のイメージは消えたが、秋の落ちギスシーズンには周辺のどこかで大釣りがあるかも。昼間もカレイ、アイナメが期待できる

犬熊漁港の大波止カーブ付近の外向きはテトラが入っておらず、フカセ釣りによるチヌとグレの好ポイント。先端寄りか根元側のテトラに近いほうがグレをおびき出しやすい。秋から1月まで、天候が許す限りグレは楽しめる。夏、チヌをダンゴで釣るベテランもいる。アオリイカは大波止全体がポイント。ヤエンの釣りは、できればカーブ付近に釣り座を確保したい。波止内側、港内のアジ釣りは足場がよくサオがだしやすい。港の入り口付近か浜の沖で小型キスが期待できる

阿納漁港は犬熊と並び漁港の整備が進んでいて、有料だが車がとめやすくなっている小浜近郊を代表するファミリー釣り場。アジ釣りをのぞけばアオリイカファンが昼夜問わず入れ替わりやってくる。ポイントは北からのびる波止の外向きか先端付近。浜からは小型キスが数釣れる日がある

宇久～泊

小浜の奥座敷といっても過言ではない静かな内湾、宇久湾の西岸にある宇久漁港は波風に強い漁港で大波止がメインの釣り場。外向きは波止際にシモリが広がりフカセ釣りで型のよいチヌとグレが釣れる。9月下旬にエギングファンが次々と訪れるようになり、10月下旬にはヤエン組が加わり、グレ釣りもまさに佳境、大波止は釣り人でにぎわう。グレは40cmを超える良型の実績がある。波止からの投げ釣りは海水浴場向きでキスがねらえ、小物釣りに関しては足場がよいので女性や子供同伴でも安心

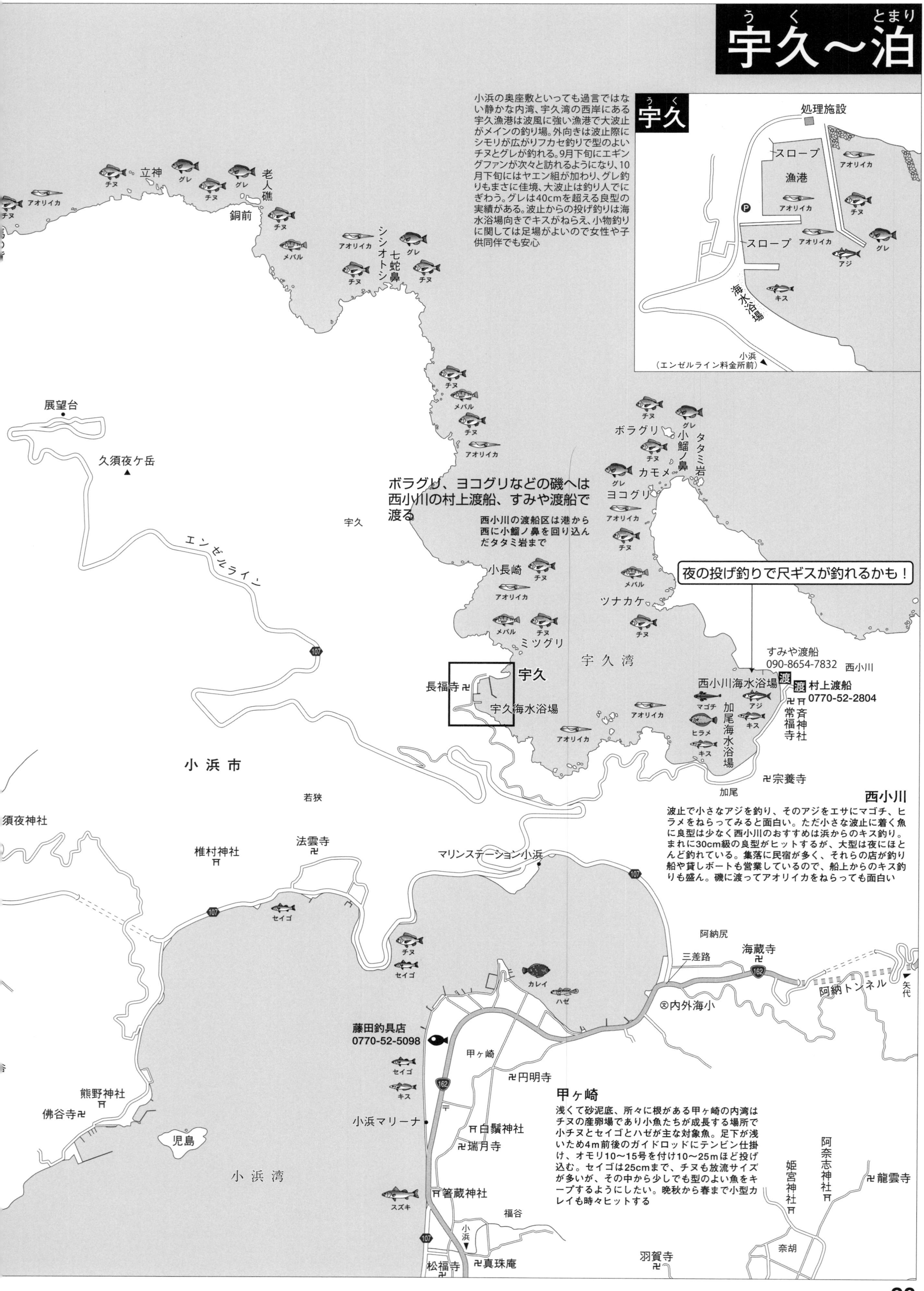

西小川

波止で小さなアジを釣り、そのアジをエサにマゴチ、ヒラメをねらってみると面白い。ただ小さな波止に着く魚に良型は少なく西小川のおすすめは浜からのキス釣り。まれに30cm級の良型がヒットするが、大型は夜にほとんど釣れている。集落に民宿が多く、それらの店が釣り船や貸しボートも営業しているので、船上からのキス釣りも盛ん。磯に渡ってアオリイカをねらっても面白い

甲ヶ崎

浅くて砂泥底、所々に根がある甲ヶ崎の内湾はチヌの産卵場であり小魚たちが成長する場所で小チヌとセイゴとハゼが主な対象魚。足下が浅いため4m前後のガイドロッドにテンビン仕掛け、オモリ10～15号を付け10～25mほど投げ込む。セイゴは25cmまで、チヌも放流サイズが多いが、その中から少しでも型のよい魚をキープするようにしたい。晩秋から春まで小型カレイも時々ヒットする

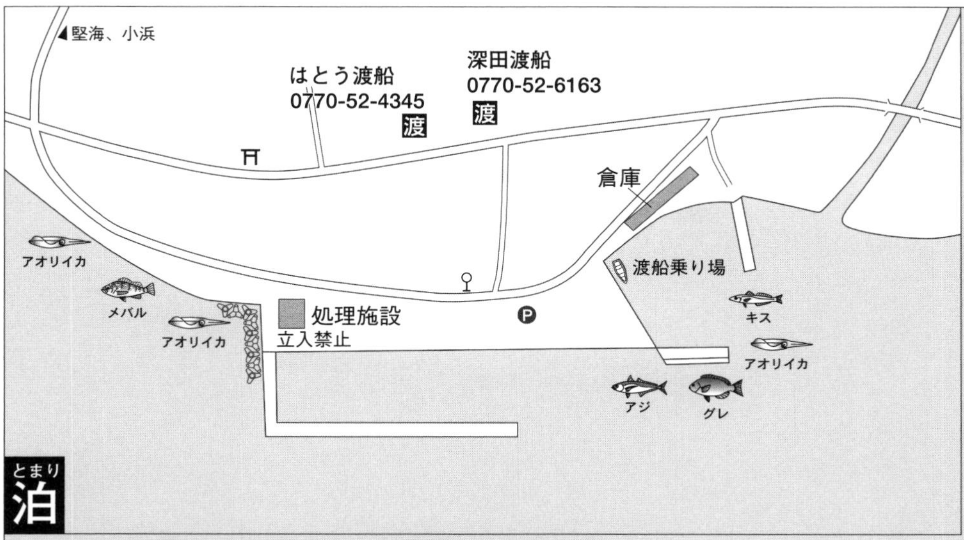

とまり
泊

泊の波止は東側の旧港と埋め立てで誕生した西側の新港に分かれる。実績が高いのは旧港の外向きと先端付近だが、漁船の往来があるので邪魔にならないようにしたい。小アジとアオリイカのほか、海面がざわついているときにはグレ、チヌもねらえる。旧港先端からミオ筋に投げ込むとキスもヒットする

夫婦亀、イグリ、ライオン岩、小山のハナ、三ツ岩などへは泊の深田渡船、はとう渡船で渡る

泊の磯は、蘇洞門（そとも）巡りの観光船が小浜から出ているほど奇岩怪石が続き、チヌもグレも数が多い

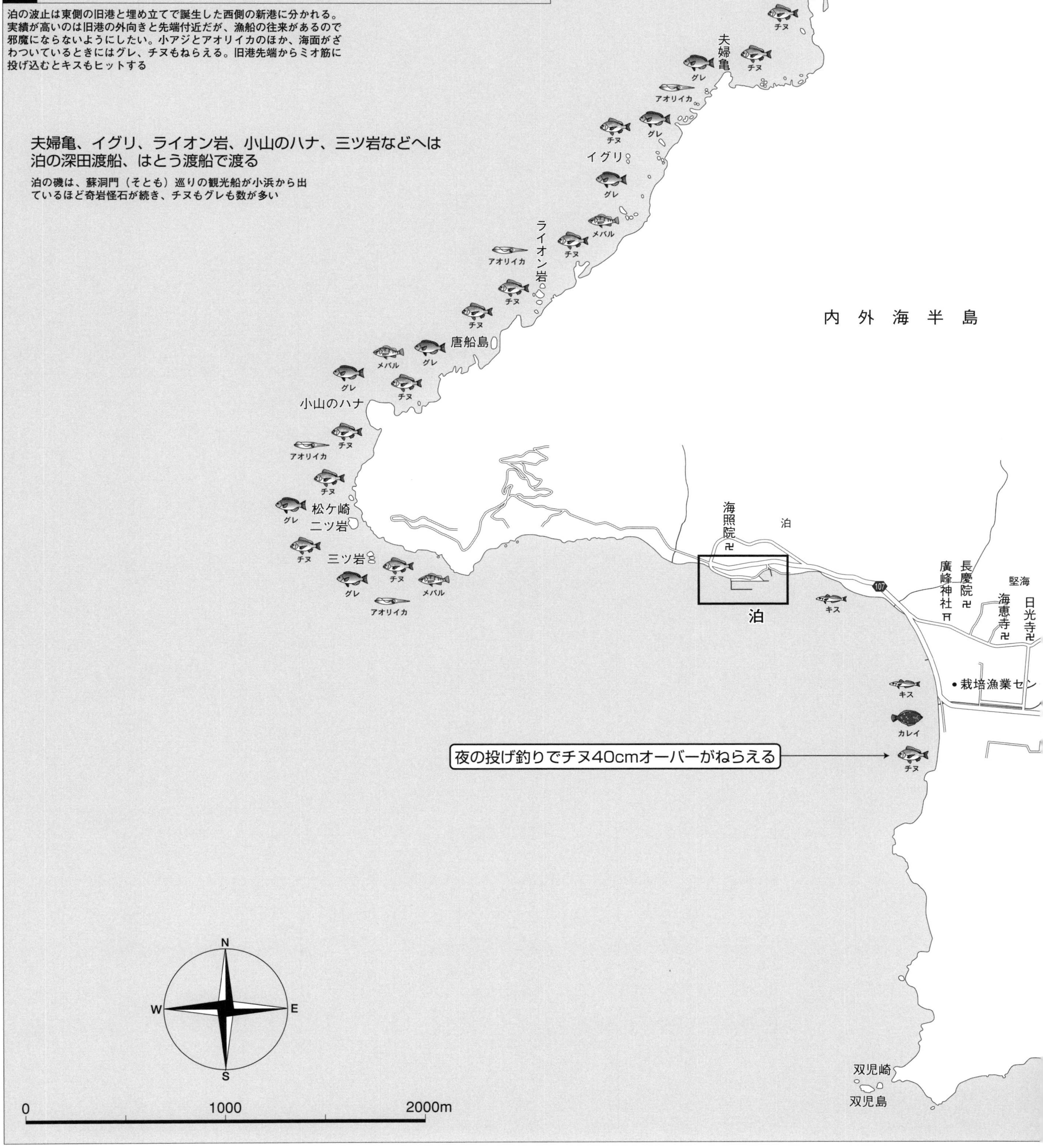

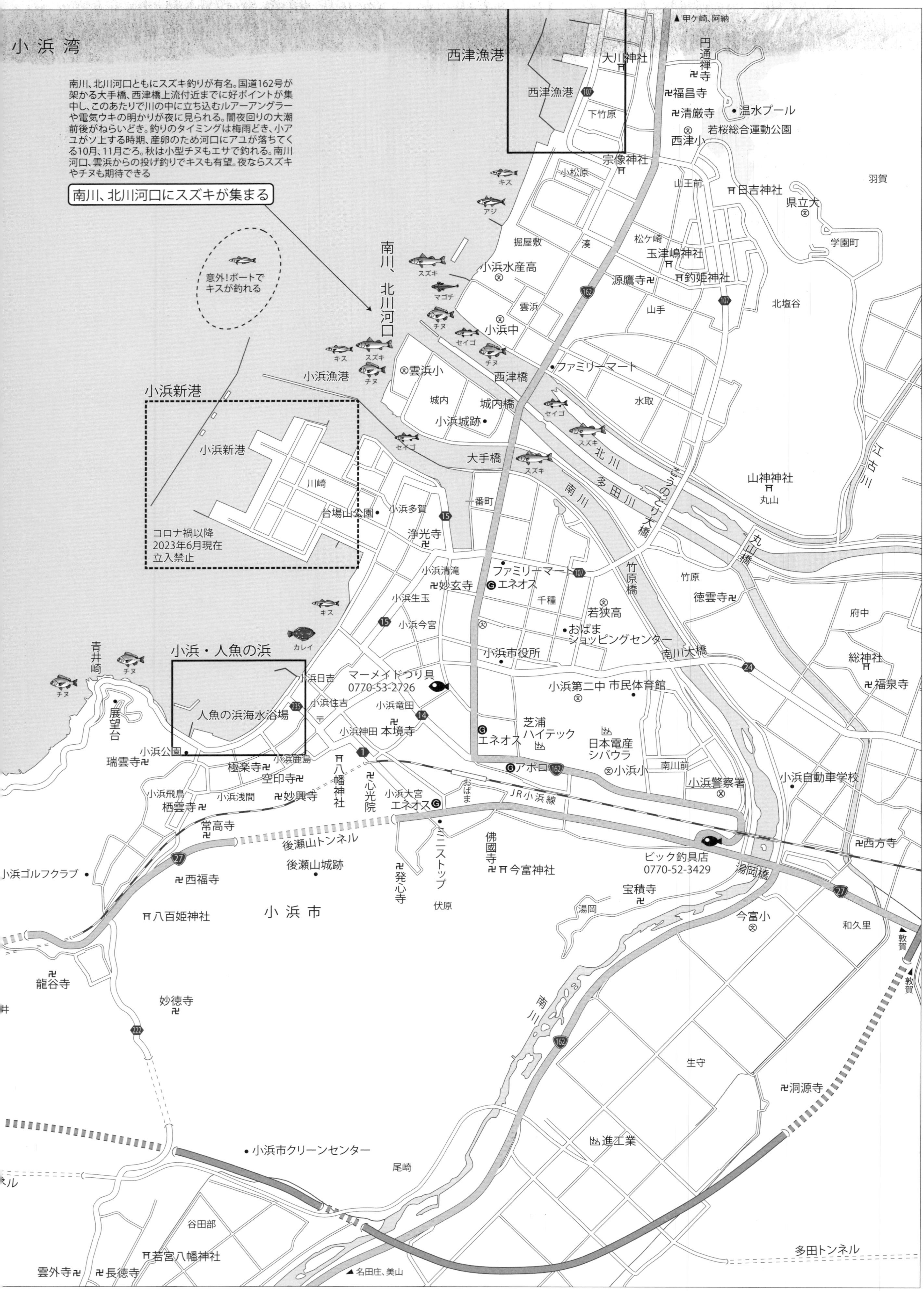
小浜湾
南川、北川河口ともにスズキ釣りが有名。国道162号が架かる大手橋、西津橋上流付近までに好ポイントが集中し、このあたりで川の中に立ち込むルアーアングラーや電気ウキの明かりが夜に見られる。闇夜回りの大潮前後がねらいどき。釣りのタイミングは梅雨どき、小アユがソ上する時期、産卵のため河口にアユが落ちてくる10月、11月ごろ。秋は小型チヌもエサで釣れる。南川河口、雲浜からの投げ釣りでキスも有望。夜ならスズキやチヌも期待できる
南川、北川河口にスズキが集まる
意外!ボートでキスが釣れる
南川、北川河口
小浜新港
小浜漁港
コロナ禍以降
2023年6月現在
立入禁止
小浜・人魚の浜
人魚の浜海水浴場
青井崎
展望台
西津漁港
大川神社
甲ケ崎、阿納
円通禅寺
福昌寺
清厳寺
温水プール
若桜総合運動公園
西津小
下竹原
宗像神社
小松原
山王前
日吉神社
羽賀
県立大
掘屋敷
湊
松ケ崎
玉津嶋神社
学園町
小浜水産高
源鷹寺
釣姫神社
雲浜
山手
北塩谷
小浜中
ファミリーマート
雲浜小
西津橋
城内
城内橋
小浜城跡
水取
大手橋
北川
多田川
南川
こうのとり大橋
江古川
山神神社
丸山
一番町
川崎
台場山公園
小浜多賀
浄光寺
丸山橋
小浜清滝
妙玄寺
エネオス
竹原橋
竹原
徳雲寺
小浜生玉
千種
若狭高
府中
小浜今宮
おばまショッピングセンター
小浜市役所
南川大橋
総神社
小浜日吉
マーメイドつり具
0770-53-2726
小浜第二中
市民体育館
福泉寺
小浜住吉
小浜竜田
芝浦ハイテック
日本電産シバウラ
小浜神田
本境寺
小浜公園
瑞雲寺
小浜鹿島
極楽寺
空印寺
八幡神社
心光院
アポロ
小浜小
南川前
小浜警察署
小浜自動車学校
小浜飛鳥
小浜浅間
妙興寺
小浜大宮
おばま
JR小浜線
栖雲寺
常高寺
後瀬山トンネル
ミニストップ
佛國寺
今富神社
ビック釣具店
0770-52-3429
西方寺
後瀬山城跡
湯岡橋
小浜ゴルフクラブ
西福寺
発心寺
宝積寺
伏原
湯岡
八百姫神社
小浜市
今富小
和久里
敦賀
龍谷寺
妙徳寺
生守
洞源寺
進工業
小浜市クリーンセンター
尾崎
谷田部
若宮八幡神社
多田トンネル
雲外寺
長徳寺
名田庄、美山
キス
アジ
スズキ
マゴチ
チヌ
セイゴ
カレイ
162
107
15
14
24
235
27
222
1

西津（にしづ）漁港～勢浜（せいはま）

小浜新港の人気が高い一方で、認知度が低い西津漁港は新港の3kmほど北にある。大きな漁港だが全体に水深がなく、釣りものはアジが中心。アオリイカは少なくコウイカのほうが面白い。波止の付け根から5分以上歩くことになるが、先端外向きはチヌがねらえる。オキアミを市販のヌカダンゴに包んだ紀州釣りで攻める人が多い。波止の付け根、南側の車がとめられる係留護岸は足下から深く、釣れるアジも型がよい。小さな流れ込みがあり、スズキはこの護岸からルアーでねらえる

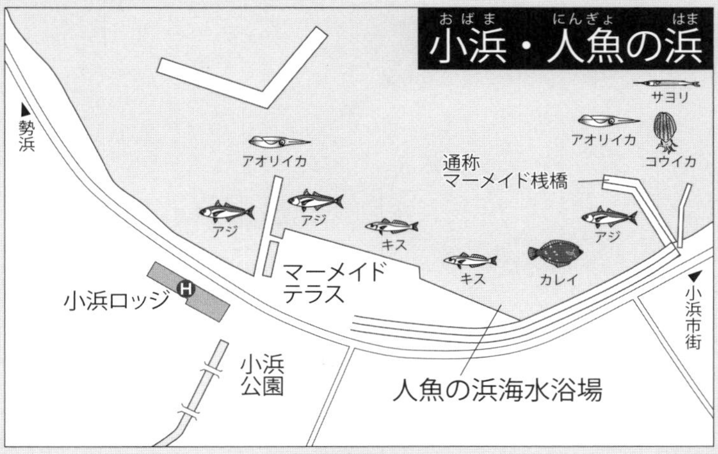

地元の人が多いアオリイカ、コウイカのジモティーポイント。エサ釣りのメイン対象魚は小アジ。浜向きに投げ釣り仕掛けを投入するとキスやカレイが釣れる。本書では人魚の浜と表記したが、「マーメイド桟橋」とか「人魚の像波止」ともいう

勢浜の地磯

人魚の浜の前の道路を海岸沿いに西に進み青井崎を越えると勢浜。勢浜の浜を中心に両翼に広がっている地磯群を総称して「勢浜の地磯」と呼んでいる。チヌは大型こそ少ないが徹夜の釣りで数釣れることがある。釣り方は40cm前後の棒ウキを使った若狭流のフカセ釣り。サシエにアケミ貝、粒サナギを使う人が多い

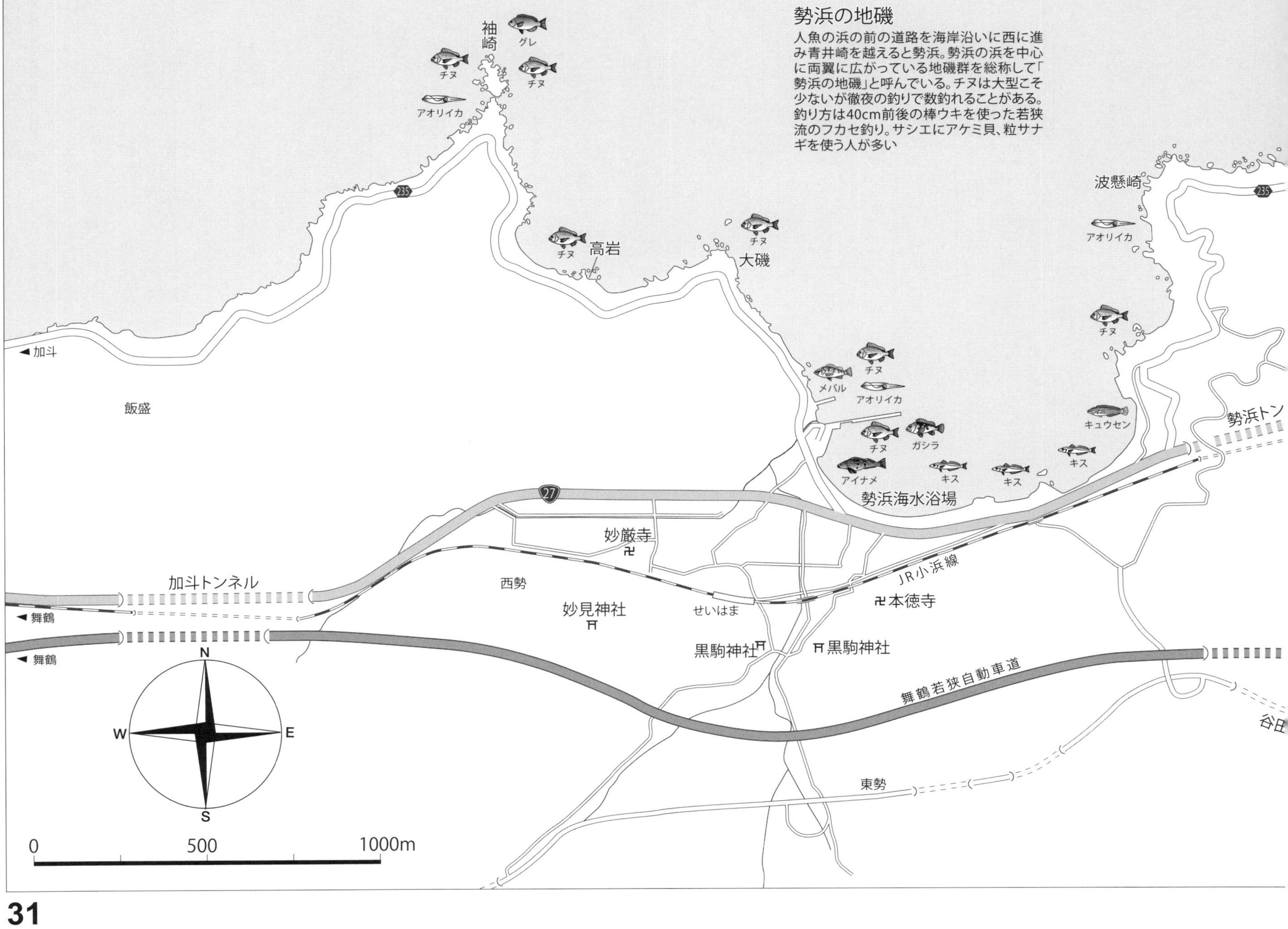

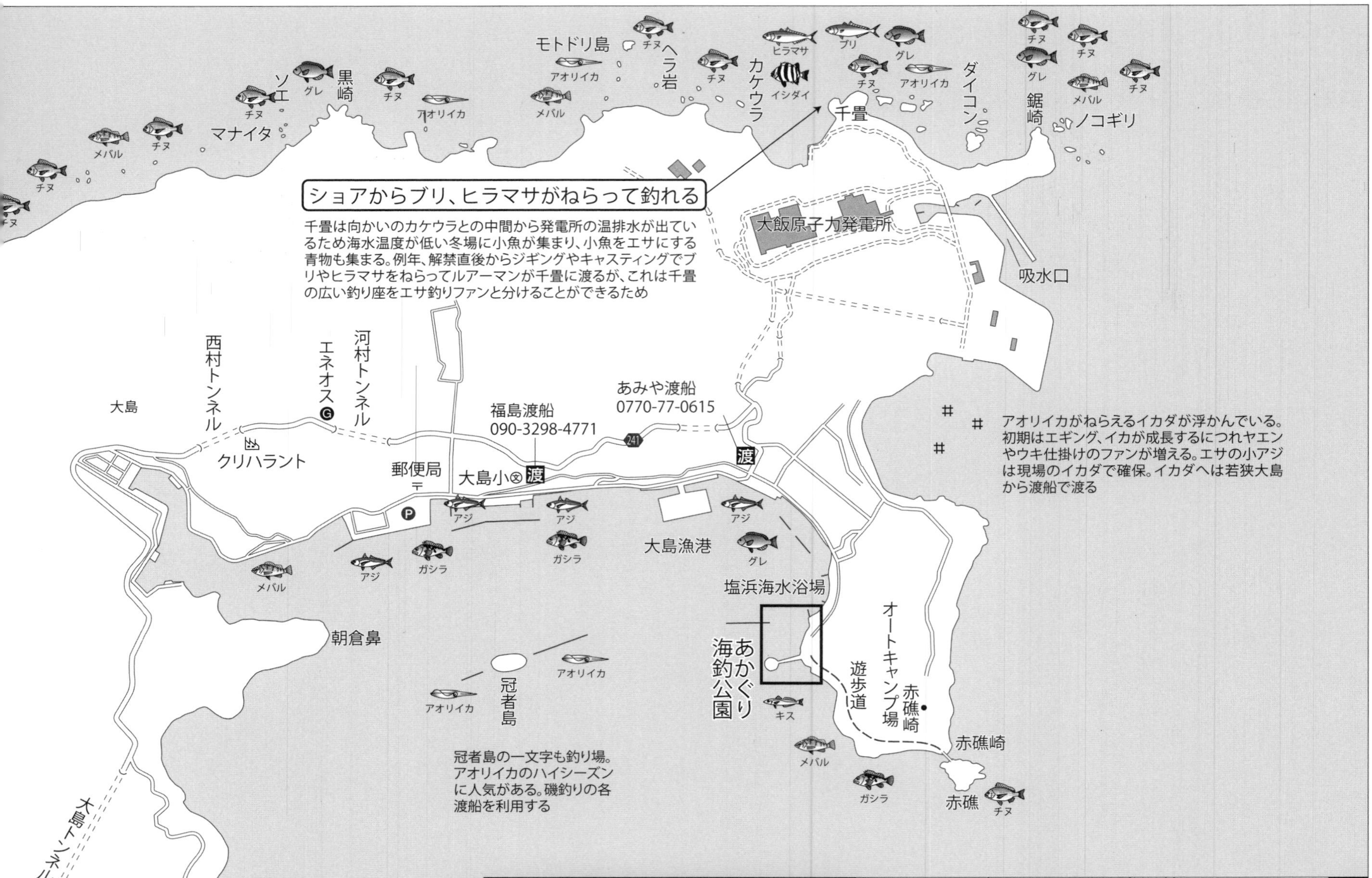

ショアからブリ、ヒラマサがねらって釣れる

千畳は向かいのカケウラとの中間から発電所の温排水が出ているため海水温度が低い冬場に小魚が集まり、小魚をエサにする青物も集まる。例年、解禁直後からジギングやキャスティングでブリやヒラマサをねらってルアーマンが千畳に渡るが、これは千畳の広い釣り座をエサ釣りファンと分けることができるため

アオリイカがねらえるイカダが浮かんでいる。初期はエギング、イカが成長するにつれヤエンやウキ仕掛けのファンが増える。エサの小アジは現場のイカダで確保。イカダへは若狭大島から渡船で渡る

冠者島の一文字も釣り場。アオリイカのハイシーズンに人気がある。磯釣りの各渡船を利用する

若狭鯉川シーサイドパーク

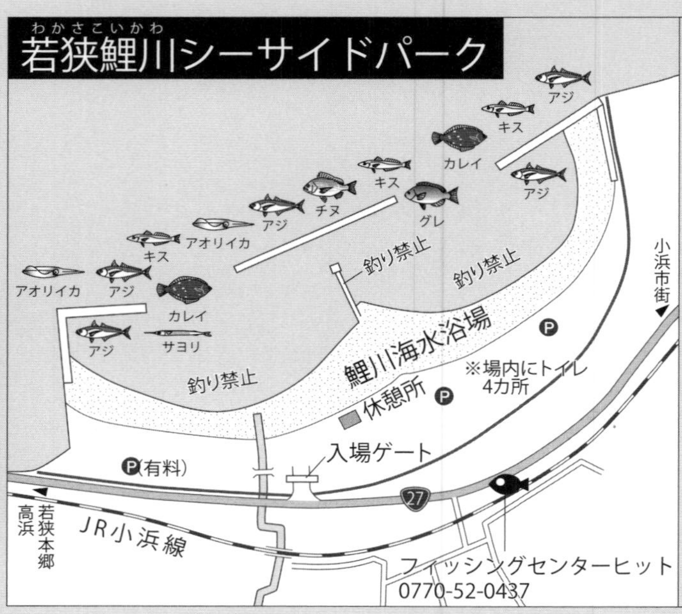

国道27号沿いにある人工の渚。とはいっても規模は大きく、海浜面積4万6000平方メートル、緑地面積2万600平方メートル。駐車場は700台収容可能でシャワー施設3棟、トイレ4棟、休憩所、ベンチなど完備した遊泳中心の多目的な空間。15年の歳月をかけ完成した。釣り場は両側の先端防波堤のみ。内側は階段状のベランダ造り、手すりもあり安全だが内向きは釣り禁止、砂浜からの釣りも禁止されている。釣りものの中心はサビキ釣りのアジなど。外向きに投げればキスやカレイが期待できる。施設利用料は特に必要ないが駐車場代が必要。夏場以外はたいがい空いている。一文字へは岡津の如（ゆき）渡船で渡る。西隣にある長井浜海水浴場もシーサイドパークと似た大型の人工渚だが、こちらは全面釣り禁止。間違って入らないように！

あかぐり海釣公園

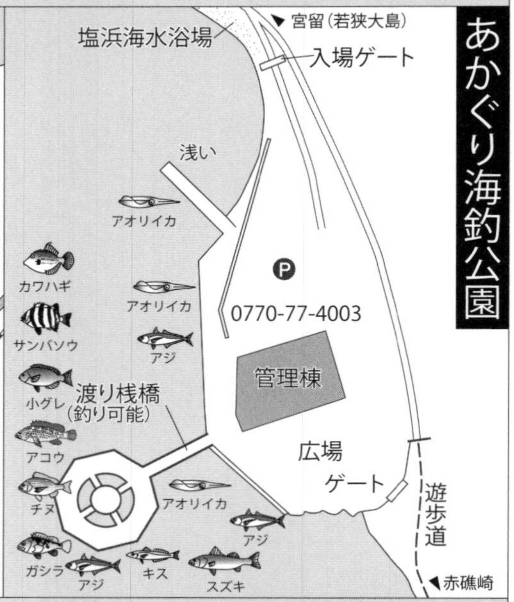

最後の集落、宮留を過ぎて赤礁崎方向に向かう途中にある釣り公園。八角形の釣り場が海面上の空中に造られ、渡り桟橋や手前の護岸からもサオがだせる。小アジとアオリイカが釣れている秋がいちばん活気がある。チヌ、スズキ、小型グレ、サンバソウ、カワハギ類も釣れる。駐車場、トイレのほかバーベキュー広場や緑地広場もあって釣り初心者や家族連れにはぴったり。開園期間は例年4〜12月（要確認）。釣り桟橋使用料は中学生以上1人1000円、小学生以下500円

蒼島へは若狭大島からの渡船を利用

ボートのキス釣り銀座。ゴールデンウイーク明けから晩秋まで毎年キスがコンスタントに釣れる

岡津（おこづ）～若狭大島（わかさおおしま）

若狭大島の磯へは、あみや渡船、福島渡船で渡る

小型が多いがグレがコンスタントに釣れアオリイカの数も多い。若狭大島の渡船区は赤礁崎から大島半島を回り高浜町との町境界までと広く、磯数が多いためグレ釣りの競技会も開かれる。毎年2月1日から3月初めまで禁漁になる

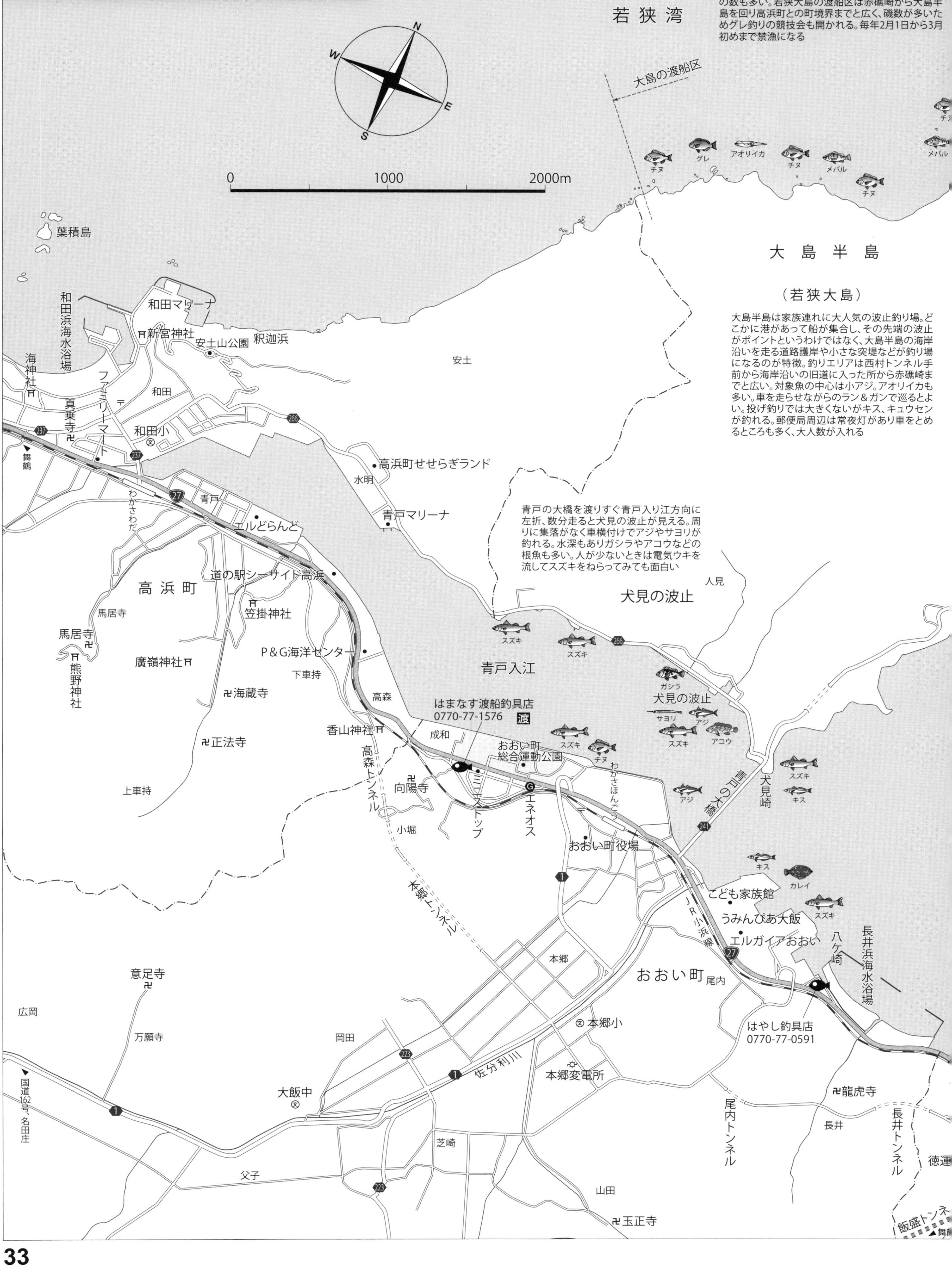

大島半島は家族連れに大人気の波止釣り場。どこかに港があって船が集合し、その先端の波止がポイントというわけではなく、大島半島の海岸沿いを走る道路護岸や小さな突堤などが釣り場になるのが特徴。釣りエリアは西村トンネル手前から海岸沿いの旧道に入った所から赤礁崎までと広い。対象魚の中心は小アジ。アオリイカも多い。車を走らせながらのラン＆ガンで巡るとよい。投げ釣りでは大きくないがキス、キュウセンが釣れる。郵便局周辺は常夜灯があり車をとめるところも多く、大人数が入れる

青戸の大橋を渡りすぐ青戸入り江方向に左折、数分走ると犬見の波止が見える。周りに集落がなく車横付けでアジやサヨリが釣れる。水深もありガシラやアコウなどの根魚も多い。人が少ないときは電気ウキを流してスズキをねらってみても面白い

和田（わだ）〜小黒飯（おぐるい）

和田（わだ）漁港

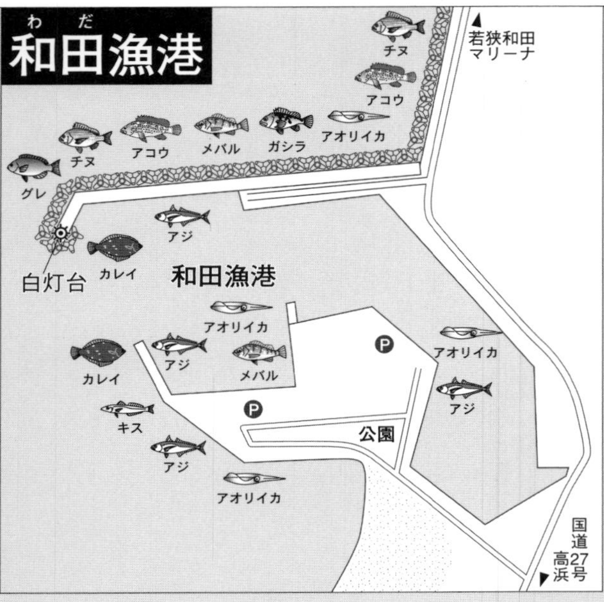

昔からの白灯台波止が北からの風と波を抑える港内には養殖イケスが浮かぶ。漁協施設がある岸壁の西側埋立地に公園や駐車場があり、家族で出かけても安心。有名な海水浴場に隣接しているため夏の夜釣りは騒々しく釣果も期待薄。秋からアオリイカマニアがひんぱんに立ち寄る。西側波止の投げ釣りはキスが中心。砂浜を埋め立てた岸壁のため根掛かりせず快適、冬にはカレイもねらえる。北の大波止外向きはテトラが滑りやすいが秋からのグレ釣りが楽しい。テトラの穴やその周辺を探ればガシラ、アコウといった根魚が気持ちよくサオ先をひったくる。凪いだ日の春先のメバル釣りも面白い

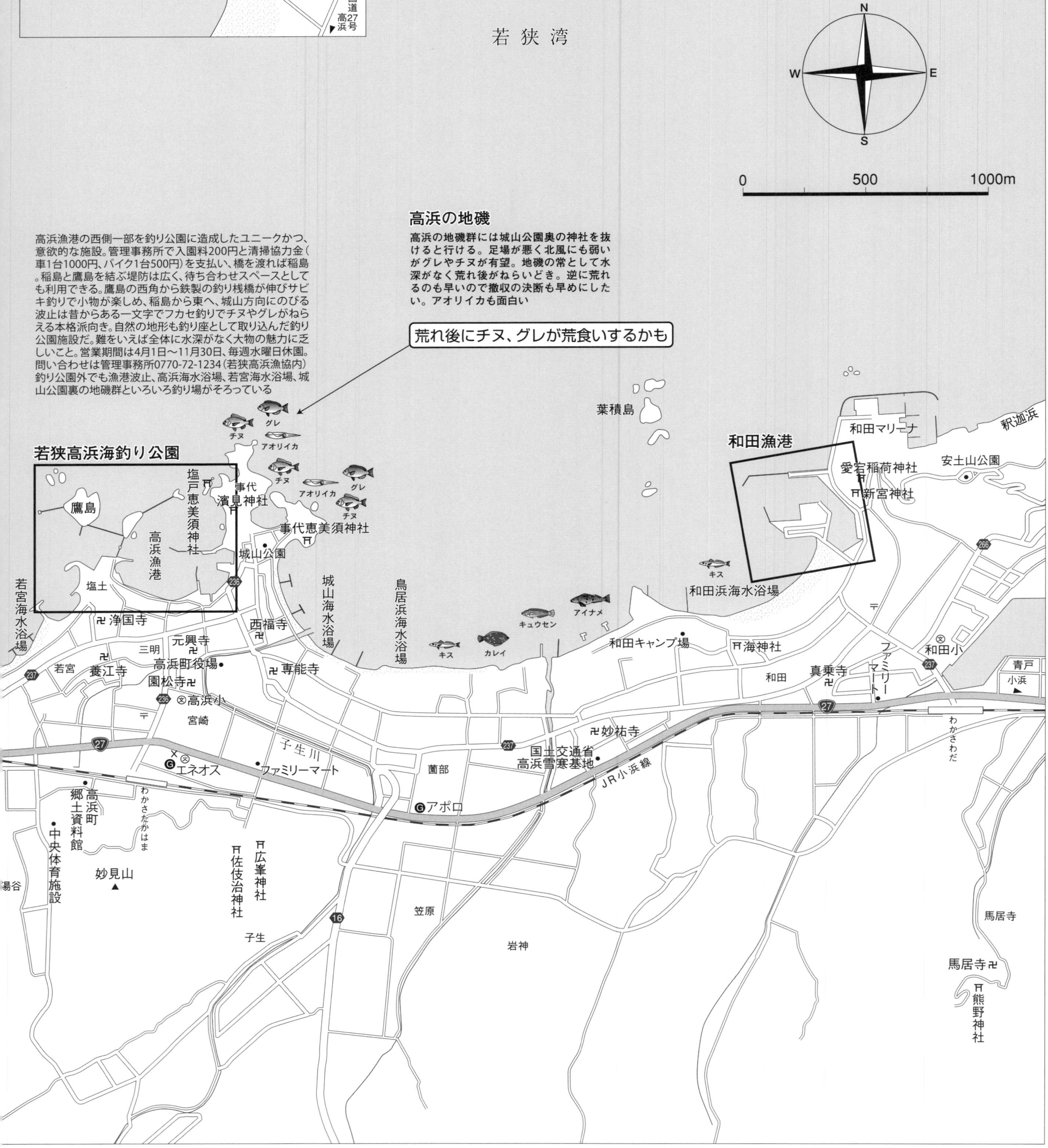

高浜の地磯

高浜の地磯群には城山公園奥の神社を抜けると行ける。足場が悪く北風にも弱いがグレやチヌが有望。地磯の常として水深がなく荒れ後がねらいどき。逆に荒れるのも早いので撤収の決断も早めにしたい。アオリイカも面白い

高浜漁港の西側一部を釣り公園に造成したユニークかつ、意欲的な施設。管理事務所で入園料200円と清掃協力金（車1台1000円、バイク1台500円）を支払い、橋を渡れば稲島。稲島と鷹島を結ぶ堤防は広く、待ち合わせスペースとしても利用できる。鷹島の西角から鉄製の釣り桟橋が伸びサビキ釣りで小物が楽しめ、稲島から東へ、城山方向にのびる波止は昔からある一文字でフカセ釣りでチヌやグレがねらえる本格派向き。自然の地形も釣り座として取り込んだ釣り公園施設だ。難をいえば全体に水深がなく大物の魅力に乏しいこと。営業期間は4月1日～11月30日、毎週水曜日休園。問い合わせは管理事務所0770-72-1234（若狭高浜漁協内）釣り公園外でも漁港波止、高浜海水浴場、若宮海水浴場、城山公園裏の地磯群といろいろ釣り場がそろっている

高浜発電所に向かう最後の漁村が小黒飯（おぐるい）。「く」の字に曲がる北波止は餌木の釣りでアオリイカが釣れる。中間付近でヒットが多い。波止先端も餌木ファンが多いが、フカセ釣りで小型グレがねらえる。常時閉鎖中のトイレのある岸壁から伸びる小波止の先端でヤエンの釣りができ、足下でサビキ釣りをすればエサの小アジも確保できる。漁船の出入りはほとんどなく、港内には関係者以外の車は入れない

三松（みつまつ）海水浴場に隣接する小漁港。アオリイカファンが内浦湾方面に向かう途中で立ち寄ることが多い。北側に岬がせり出している地形から北西風に強く、高浜方面でサオが振れないときの避難釣り場として重宝することがある。シモリ際に仕掛けを落とすコントロールがあれば良型のキスも有望

難波江海水浴場は遠浅の浜でキスは遠投で小型が釣れる程度。南側はシモリがあり、サーファーも多いので注意しよう

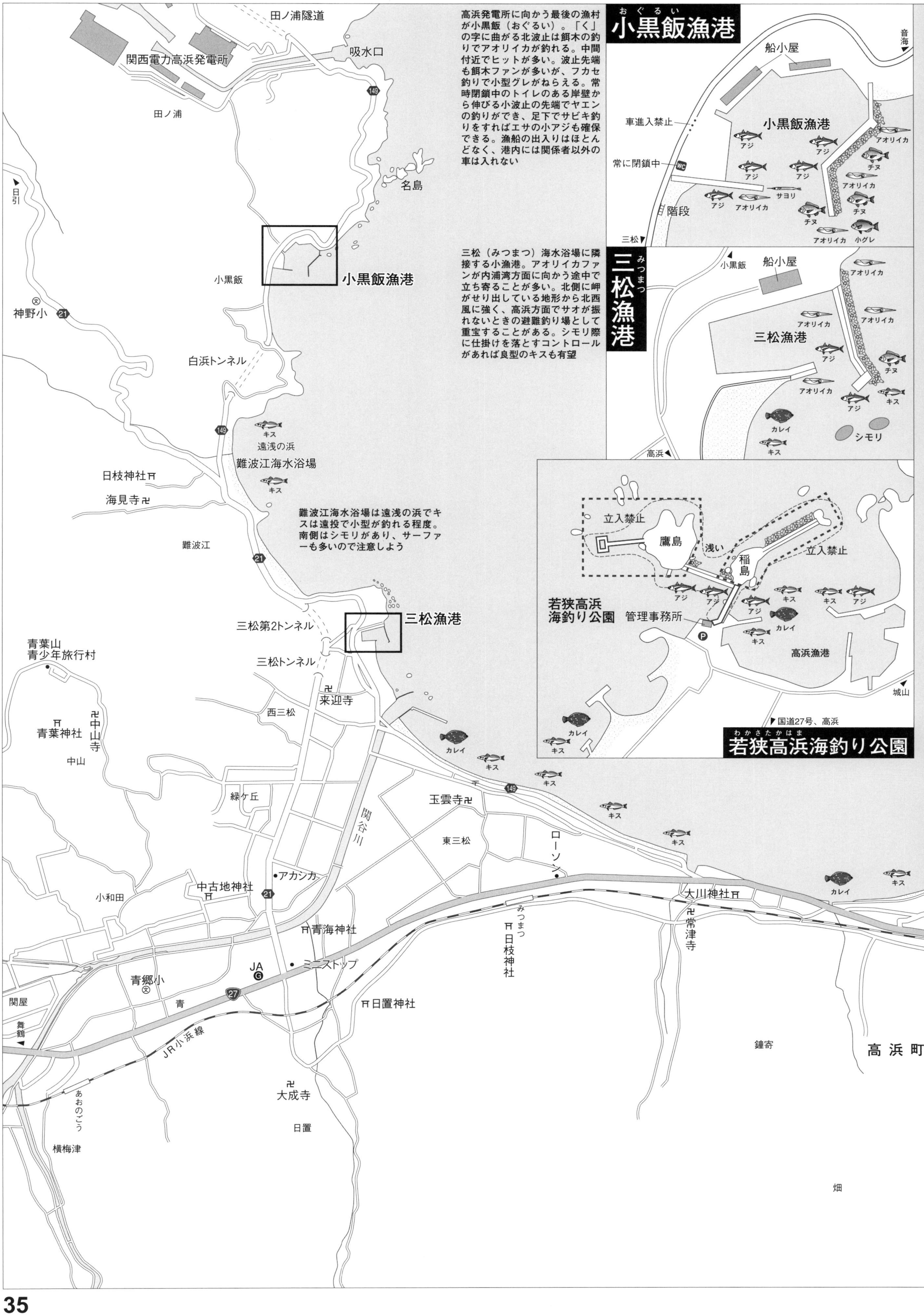

発電所の正面ゲートを左に見ながら通過し音海の集落に入ると右側の高台に音海中学校がある。右折し坂を上りきったら、だらだら右方向に下ると左手に駐車スペースがありさらに下ると小さな港に出る。港内にも駐車スペースがある。ここが「音海・学校裏」と呼ばれるポイントで周りに人家もなければ普段は船も係留されていない。内浦湾内の音海側が荒れたときの避難港として存在しているようだ。正面の堤防でアジ、アオリイカが釣れ、港内もポイント。投げ釣りでは波止先端からミオ筋向きにキャストし日中にキス、夜にマダイ、チヌがねらえる。チヌ、アコウ、ガシラもヒットする。内浦湾通の釣り人には隠れたポイントとして人気がある

音海(おとみ)・学校裏

小黒飯の手前、難波江(なばえ)の信号を山側に左折、5分ほど走ると眼下に神野浦の港が見える。神野浦は小さな集落、車を港奥の有料スペースにとめ、歩いて大波止に出る。内向きでアジ、堤防の内外ともアオリイカのポイント。神野浦は波止のすぐ沖に養殖イケスがあり、ウキを流すとエサのおこぼれを食べるために寄ってきたマダイやチヌ、ヒラメ、まれにカマス、アイゴ、ハマチがヒットすることもある

神野浦漁港(こうのうら)

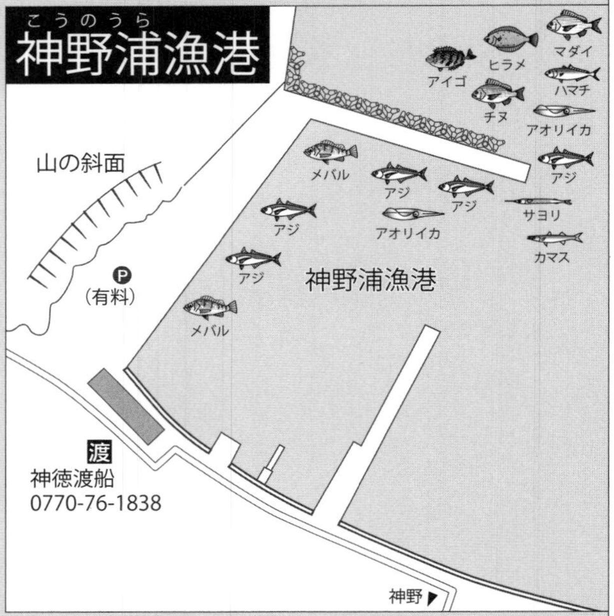

内浦湾内の西岸にある日引漁港は港内の北側奥が埋め立てられ駐車スペースを含め広い港になった。埋め立てによりできた大波止は両側に柵が付いているので子供でも釣りが楽しめる。水深のある大波止の外向きは小アジ、アオリイカ以外、投げ釣りでは近くに養殖イケスがあるためマダイ、チヌ、カレイ、アイナメ、マゴチ、ヒラメがねらえる

日引(ひびき)漁港

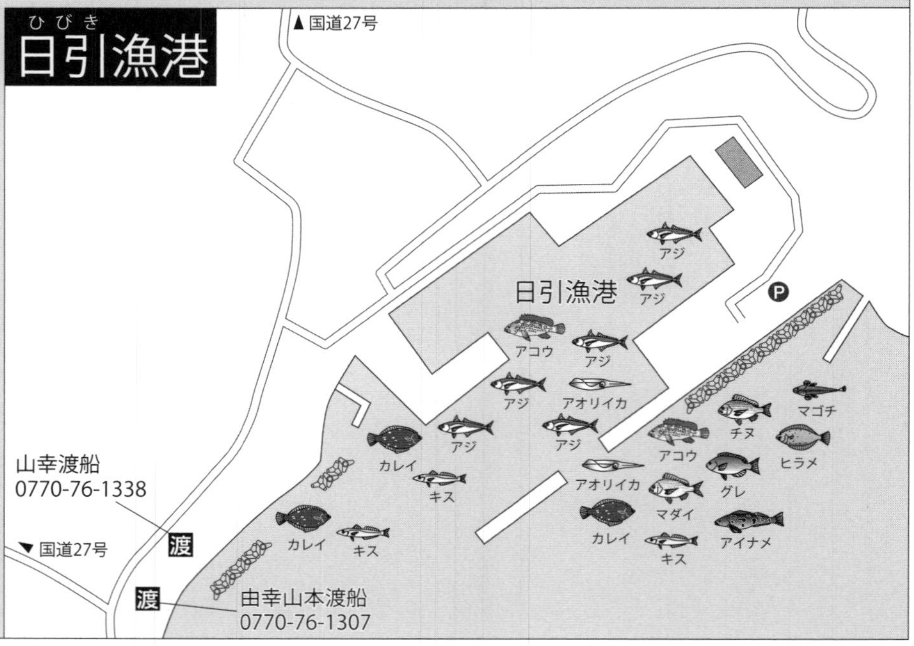

音海～日引（おとみ～ひびき）

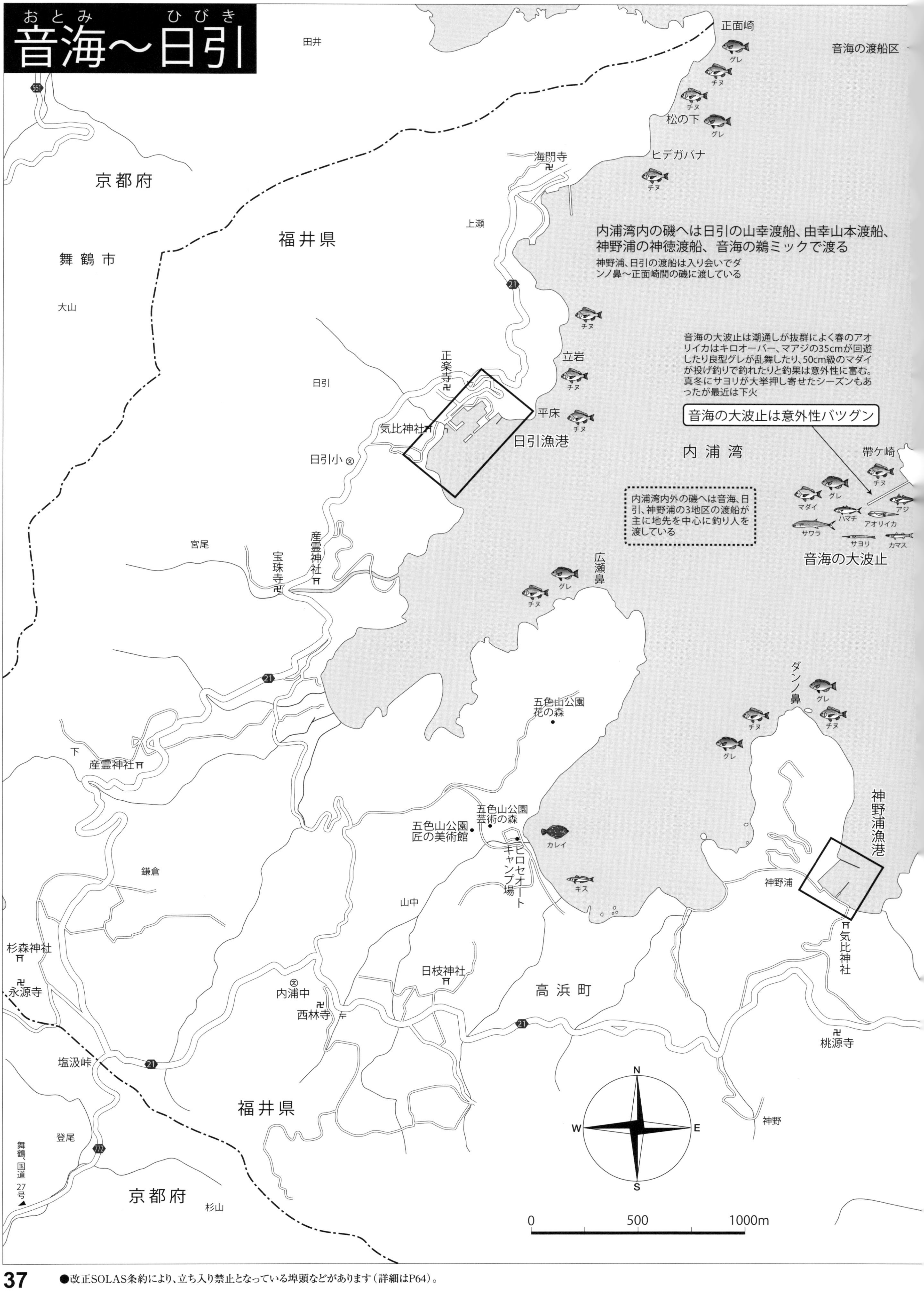

音海の渡船区
正面崎
松の下
ヒデガバナ
海門寺
上瀬
田井
京都府
福井県
舞鶴市
大山
日引
正楽寺
気比神社
日引小
日引漁港
立岩
平床
内浦湾
帯ケ崎
音海の大波止
宮尾
宝珠寺
産霊神社
広瀬鼻
ダンノ鼻
五色山公園花の森
五色山公園芸術の森
五色山公園匠の美術館
ヒロセオートキャンプ場
神野浦漁港
神野浦
気比神社
下
鎌倉
山中
杉森神社
永源寺
内浦中
西林寺
日枝神社
高浜町
桃源寺
塩汲峠
登尾
舞鶴、国道27号
杉山
神野
グレ
チヌ
マダイ
アジ
ハマチ
アオリイカ
サワラ
サヨリ
カマス
カレイ
キス
内浦湾内の磯へは日引の山幸渡船、由幸山本渡船、神野浦の神徳渡船、音海の鵜ミックで渡る
神野浦、日引の渡船は入り会いでダンノ鼻～正面崎間の磯に渡している
音海の大波止は潮通しが抜群によく春のアオリイカはキロオーバー、マアジの35cmが回遊したり良型グレが乱舞したり、50cm級のマダイが投げ釣りで釣れたりと釣果は意外性に富む。真冬にサヨリが大挙押し寄せたシーズンもあったが最近は下火
音海の大波止は意外性バツグン
内浦湾内外の磯へは音海、日引、神野浦の3地区の渡船が主に地先を中心に釣り人を渡している
N
S
W
E
0
500
1000m

●改正SOLAS条約により、立ち入り禁止となっている埠頭などがあります（詳細はP64）。

水ヶ浦～野原

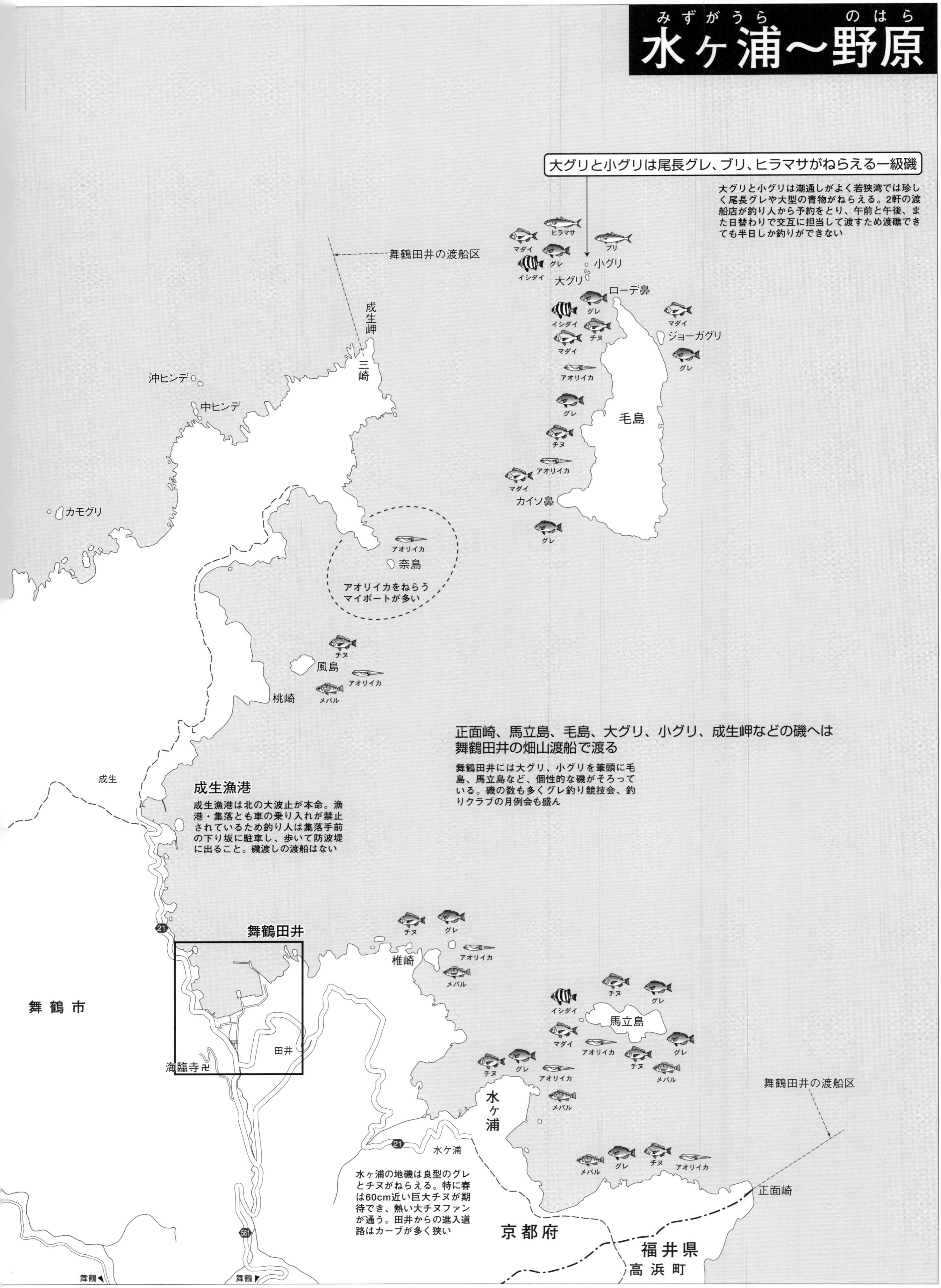
大グリと小グリは尾長グレ、ブリ、ヒラマサがねらえる一級磯
大グリと小グリは潮通しがよく若狭湾では珍しく尾長グレや大型の青物がねらえる。2軒の渡船店が釣り人から予約をとり、午前と午後、また日替わりで交互に担当して渡すため渡礁できても半日しか釣りができない
舞鶴田井の渡船区
ヒラマサ
マダイ
ブリ
グレ
イシダイ
小グリ
大グリ
ローデ鼻
チヌ
ジョーガグリ
アオリイカ
毛島
カイソ鼻
成生岬
三崎
沖ヒンデ
中ヒンデ
カモグリ
奈島
アオリイカをねらうマイボートが多い
風島
桃崎
メバル
正面崎、馬立島、毛島、大グリ、小グリ、成生岬などの磯へは舞鶴田井の畑山渡船で渡る
舞鶴田井には大グリ、小グリを筆頭に毛島、馬立島など、個性的な磯がそろっている。磯の数も多くグレ釣り競技会、釣りクラブの月例会も盛ん
成生
成生漁港
成生漁港は北の大波止が本命。漁港・集落とも車の乗り入れが禁止されているため釣り人は集落手前の下り坂に駐車し、歩いて防波堤に出ること。磯渡しの渡船はない
21
舞鶴田井
椎崎
舞鶴市
馬立島
田井
海臨寺
水ヶ浦
水ヶ浦の地磯は良型のグレとチヌがねらえる。特に春は60cm近い巨大チヌが期待でき、熱い大チヌファンが通う。田井からの進入道路はカーブが多く狭い
正面崎
561
京都府
福井県
高浜町
舞鶴

釣り場は東の大波止がおすすめ。波
の中央には大岩もあり全長80mの間
はグレ、チヌ、アオリイカ、マダイがウ
釣りでねらえる。足場のよい港内向き
小アジ、サンバソウ、小グレ、アコウな
が相手してくれる。港内には大きな駐
場とトイレがあり、家族で出かけても
ろいろ遊べる

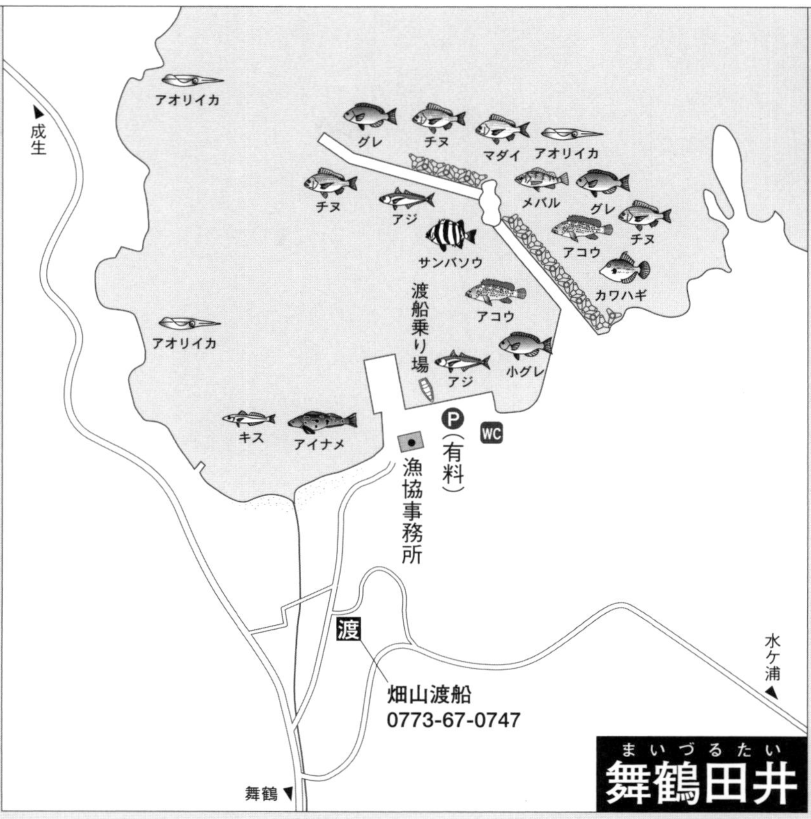

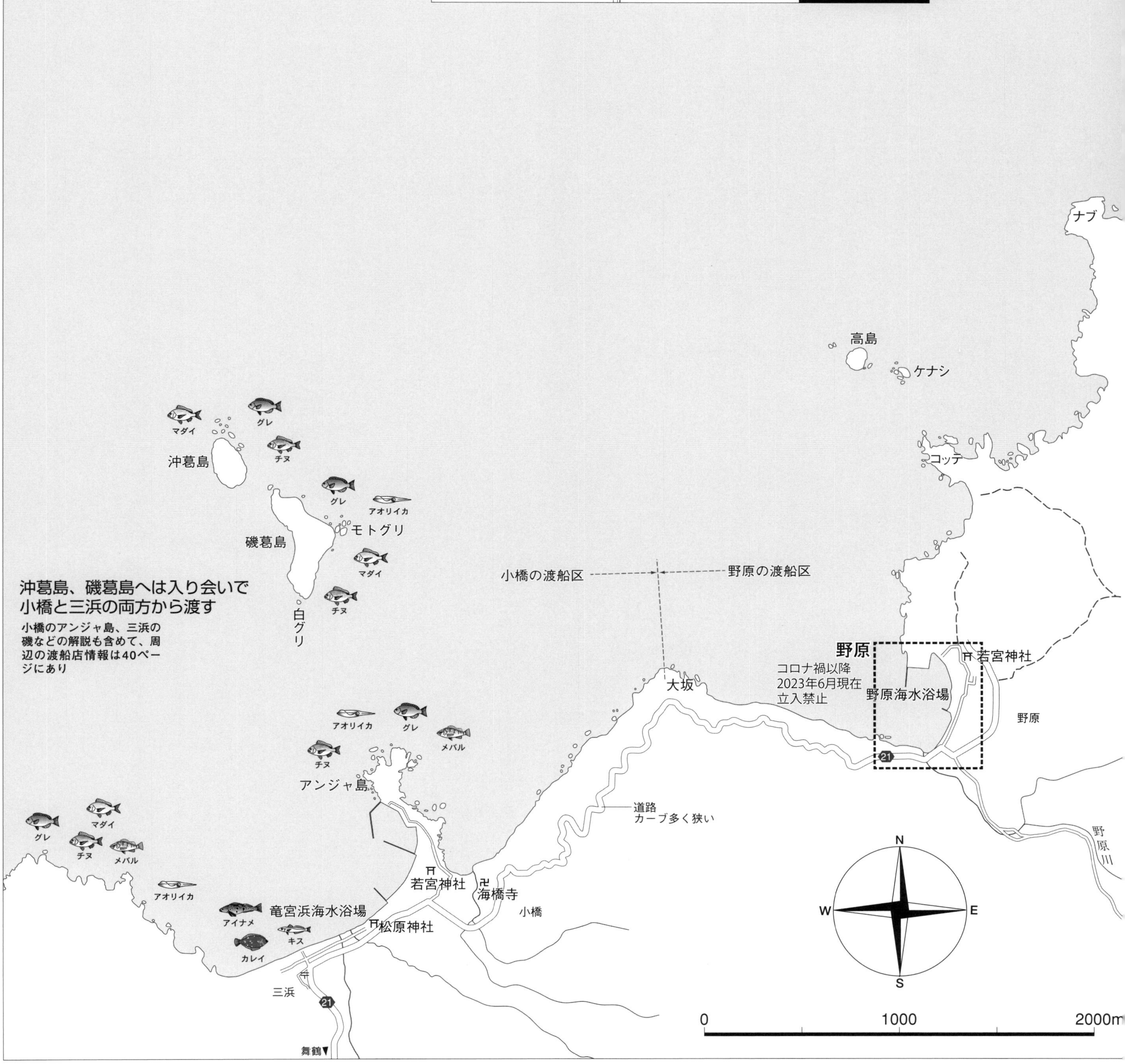

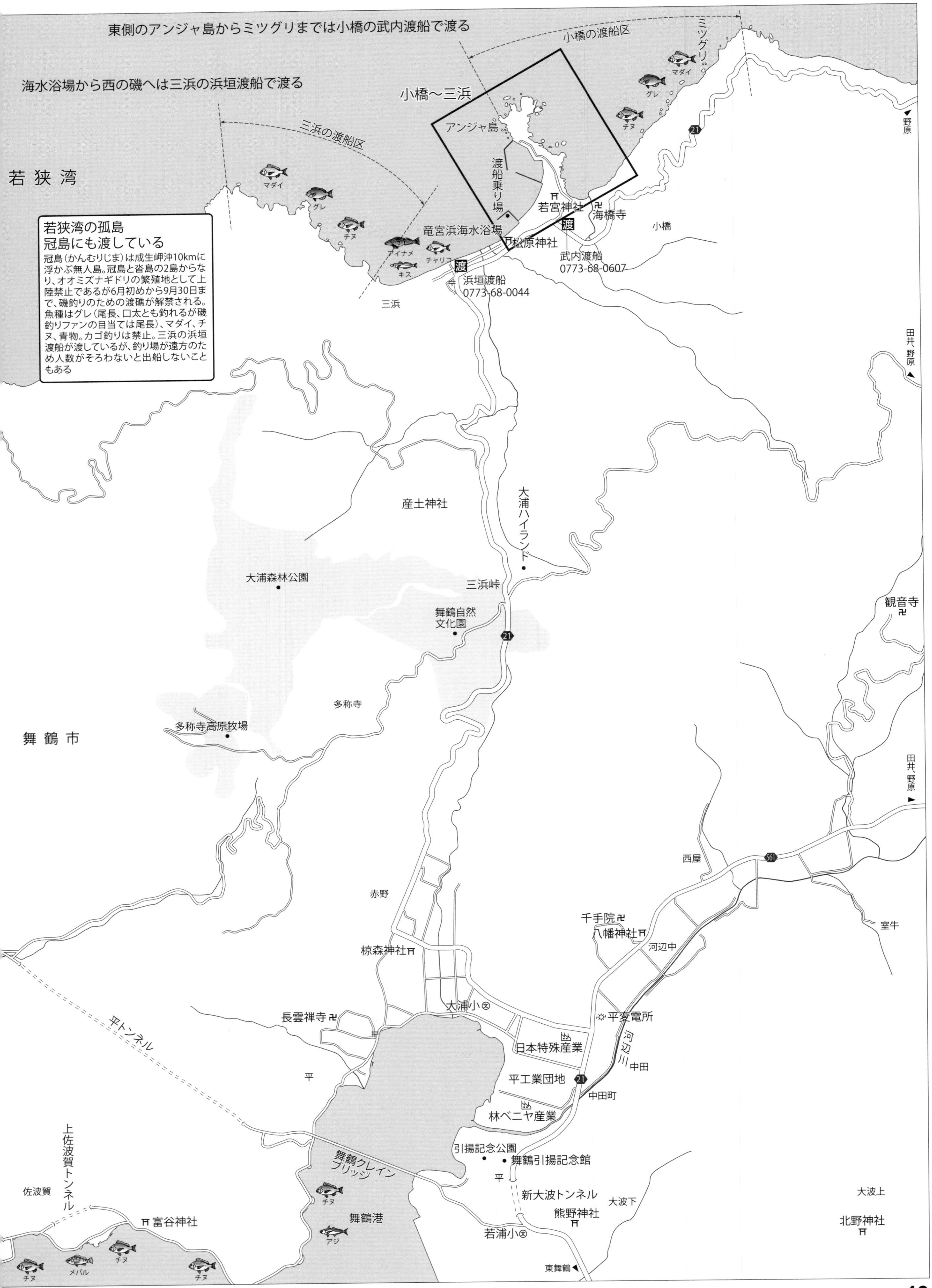
東側のアンジャ島からミツグリまでは小橋の武内渡船で渡る
海水浴場から西の磯へは三浜の浜垣渡船で渡る
小橋の渡船区
ミツグリ
小橋～三浜
三浜の渡船区
若狭湾
アンジャ島
渡船乗り場
若宮神社
海橋寺
小橋
竜宮浜海水浴場
松原神社
武内渡船
0773-68-0607
浜垣渡船
0773-68-0044
三浜
渡
マダイ
グレ
チヌ
アイナメ
チャリコ
キス
野原
田井、野原
若狭湾の孤島
冠島にも渡している
冠島（かんむりじま）は成生岬沖10kmに浮かぶ無人島。冠島と沓島の2島からなり、オオミズナギドリの繁殖地として上陸禁止であるが6月初めから9月30日まで、磯釣りのための渡礁が解禁される。魚種はグレ（尾長、口太とも釣れるが磯釣りファンの目当ては尾長）、マダイ、チヌ、青物。カゴ釣りは禁止。三浜の浜垣渡船が渡しているが、釣り場が遠方のため人数がそろわないと出船しないこともある
産土神社
大浦ハイランド
大浦森林公園
三浜峠
舞鶴自然文化園
21
観音寺
多祢寺
多祢寺高原牧場
舞鶴市
561
西屋
赤野
千手院
八幡神社
室牛
河辺中
椋森神社
長雲禅寺
大浦小
平変電所
河辺川
日本特殊産業
中田
平トンネル
平
平工業団地
中田町
林ベニヤ産業
上佐波賀トンネル
舞鶴クレインブリッジ
引揚記念公園
舞鶴引揚記念館
新大波トンネル
大波上
佐波賀
大波下
富谷神社
舞鶴港
熊野神社
北野神社
アジ
メバル
若浦小
東舞鶴

小橋～佐波賀

小橋～三浜

竜宮浜をはさみ東が小橋地区、西が三浜地区。漁港は小橋側の岬寄りに造られ、漁港の横、三浜側、アンジャ島をはさんだ東側に明るい砂浜が広がっている。駐車スペースが広いこと、釣り場が波止、浜、地磯とそろっているのでいつ立ち寄っても釣り人がエギング、投げ釣り、サビキ釣り、メバリングというように自分の釣りを楽しんでいる。波止ではチヌ、グレ、晩秋から初冬にはハマチが回遊することもある。浜からの投げ釣りはキスが中心。小型が多い

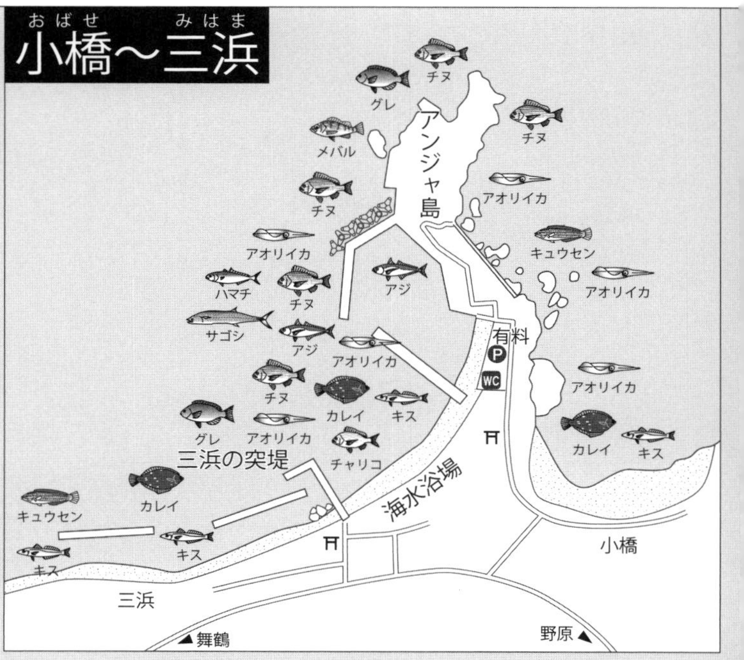

大丹生～舞鶴親海公園

全長120m、舞鶴親海公園は無料の海釣り施設。併設のレストハウスにサビキ仕掛けやアミエビも置かれている。小アジ釣りの家族連れや年配の方が楽しそうに過ごす風景は心和むが時折、サオをのされてあたふた、おろおろ…。チヌ、スズキ、アオリイカ、ハマチ、底に生きた小アジを落とせばヒラメ、マゴチ、飛ばしサビキ仕掛けでアジ25cmも食いつく魚種の多彩さは舞鶴湾でもトップクラス。意外に侮れない。大丹生に続く海岸線も遠投フカセでチヌ、大きめの餌木をキャストするとアオリイカがヒットする。釣果を確実なものにしたいのなら一文字がおすすめ。チヌかかり釣り用の短ザオでダンゴ釣り、イカダと同じスタイルでチヌ釣りができるし、落とし込みでチヌの実績もある。アオリイカも多い。一文字へは桜井渡船、西田渡船が渡している

瀬崎には渡船店がなく地磯か、小さな防波堤か、ゴロタ石の浜からの釣り。水深がないので訪れる人は少ない。大丹生の手前、瀬崎トンネルが開通し大丹生に行くのと時間的には変わらなくなった

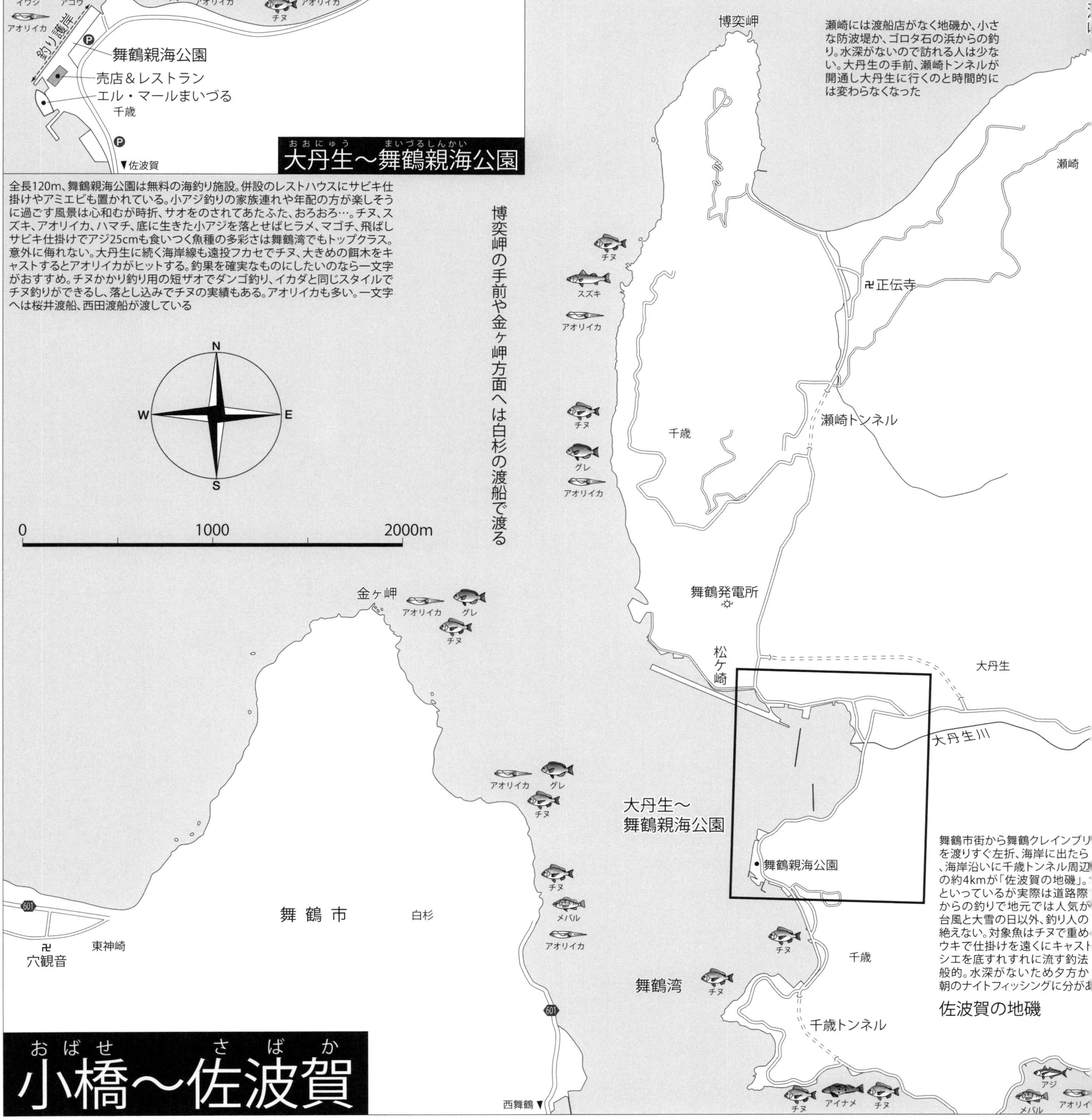

舞鶴市街から舞鶴クレインブリ
を渡りすぐ左折、海岸に出たら
、海岸沿いに千歳トンネル周辺
の約4kmが「佐波賀の地磯」。
といっているが実際は道路際
からの釣りで地元では人気が
台風と大雪の日以外、釣り人の
絶えない。対象魚はチヌで重め
ウキで仕掛けを遠くにキャスト
シエを底すれすれに流す釣法
般的。水深がないため夕方か
朝のナイトフィッシングに分があ

佐波賀の地磯

前島埠頭には小樽と舞鶴を結ぶ大型カーフェリー会社「新日本海フェリー」のターミナルがある。その護岸の一部が一般に開放され、車を横付けして釣りができる。湾奥のため小アジが主な対象魚。シーズンによりサヨリ、イワシが回遊する。中、小型チヌも多く夜の電気ウキ釣り、コスリ釣りのほか、水深があるため日中にコスリ釣りも楽しめる。寒くなるとコウイカが餌木でヒットする

舞鶴・前島埠頭～白杉

白杉
しらすぎ
山弘渡船 渡
0773-76-3233
有料
横波鼻
アイナメ
カレイ
チャリコ
アマダイ
アジ
グレ
スズキ
メバル
チヌ
先端は立入禁止
柵あり
立入禁止
キュウセン
有料駐車場、トイレがあり安心して釣りが楽しめるうえ、湾内でも入り口に近いため水がきれいだし、魚種を問わず数も多い。水深があるのも白杉の特徴で波止やその周辺で夜に大型チヌやスズキ、足元を探りメバルも期待できる。日中は小アジ釣りのファミリーが多い。港内のメイン釣り場は北から延びる波止。南波止は根元から立入禁止、北波止も先端部は立入禁止。柵があるのですぐ分かる。水深があり泥っぽい底なので投げ釣りで、夏にアマダイがねらえる。寒い時期はカレイ、アイナメが面白い。遠投より50〜70m付近のカケアガリにサシエを置くようにする
三本松鼻
舞鶴港
舞鶴湾
戸島
※上陸禁止
玉泉寺
青龍寺
結城神社
青井
アオイマリーナ
乙島
京大水産実
海上保安学校
海上自衛隊
舞鶴弾薬整備補給所
長浜
奥土神社
吉田
瑠璃寺
舞鶴ヨット協会
藤田造船所
年取島
桧松崎
セイゴ
愛宕神社
本刻寺
白浜台
中舞鶴小
和田中
丹後瓦斯
長江寺
和田
地蔵寺
明教寺
余部上
大君トンネル
宇部三菱セメント
上迫神社
大君
舞鶴西港
貯木場
舞鶴国際ふ頭（立入禁止）
廃棄物処理施設
国道27号に架かる橋が新相生橋、この橋周辺から河口まで盆頃からハゼが釣れる。左岸側の河川敷は遊歩道があり釣りやすいが流れの中心は右岸寄りにあるのでリールザオを使ったチョイ投げ仕掛けが有利。右岸側も水面まで4mほどあるためリールを使った釣りがおすすめ。エサはアオイソメ、イシゴカイなど。元気なエサをたっぷり付けると20cmクラスが次々ヒットするかも。河口はセイゴも期待できる
五老岳スカイタワー
五老岳公園
五老山
五老トンネル
若宮神社
聖徳寺
下安久
匂崎公園
御山神社
伊佐津川河口
法護寺
三ノ宮稲荷
上安東町
エネオス
貯木場
喜多
アポロ
大和橋
吉原小
稲荷神社
全輪寺
金比羅神社
熊野神社
舞鶴文化公園
京都職業能力開発短大
上安久
日星高
東林寺
上安
清美が丘
清道
清道新町
ファミリーマート
昭和台
天台新町
セブンイレブン
松陰
北田辺
高砂橋
法音寺
相生橋
新相生橋
JR舞鶴線
道の駅舞鶴港とれとれセンター
ローソン
福井川
公設地方卸売市場
見樹寺
松林寺
宮津口
瑞光寺
平野屋
寺内
浄土寺
余内小
北野神社
GEO
三柱神社
天台寺
アングラーズ西舞鶴店
0773-76-5595
合社八幡鎮守神社
南田辺
大内
大内野町
善照寺
天台
丹後由良、宮津
八坂神社
下福井
紺屋
本行寺
京口
引土新
赤十字病院
倉谷
東山寺
大泉禅寺
福来
愛宕山
朝代
円隆寺
ファミリーマート
キリンビバレッジ
宮谷神社
福来問屋町
高野川
にしまいづる
引土
若宮神社
伊佐津川
西舞鶴高
九社八幡宮
日之出化学工業
伊佐津
朝鮮初中級学校
境谷
コスモ
境神社
野村寺
高野由里
公文名
仁寿寺
宝寿寺
日吉神社
岩鼻神社
綾部
N
W
E
S
0
1000
20

●改正SOLAS条約により、立ち入り禁止となっている埠頭などがあります（詳細はP64）。

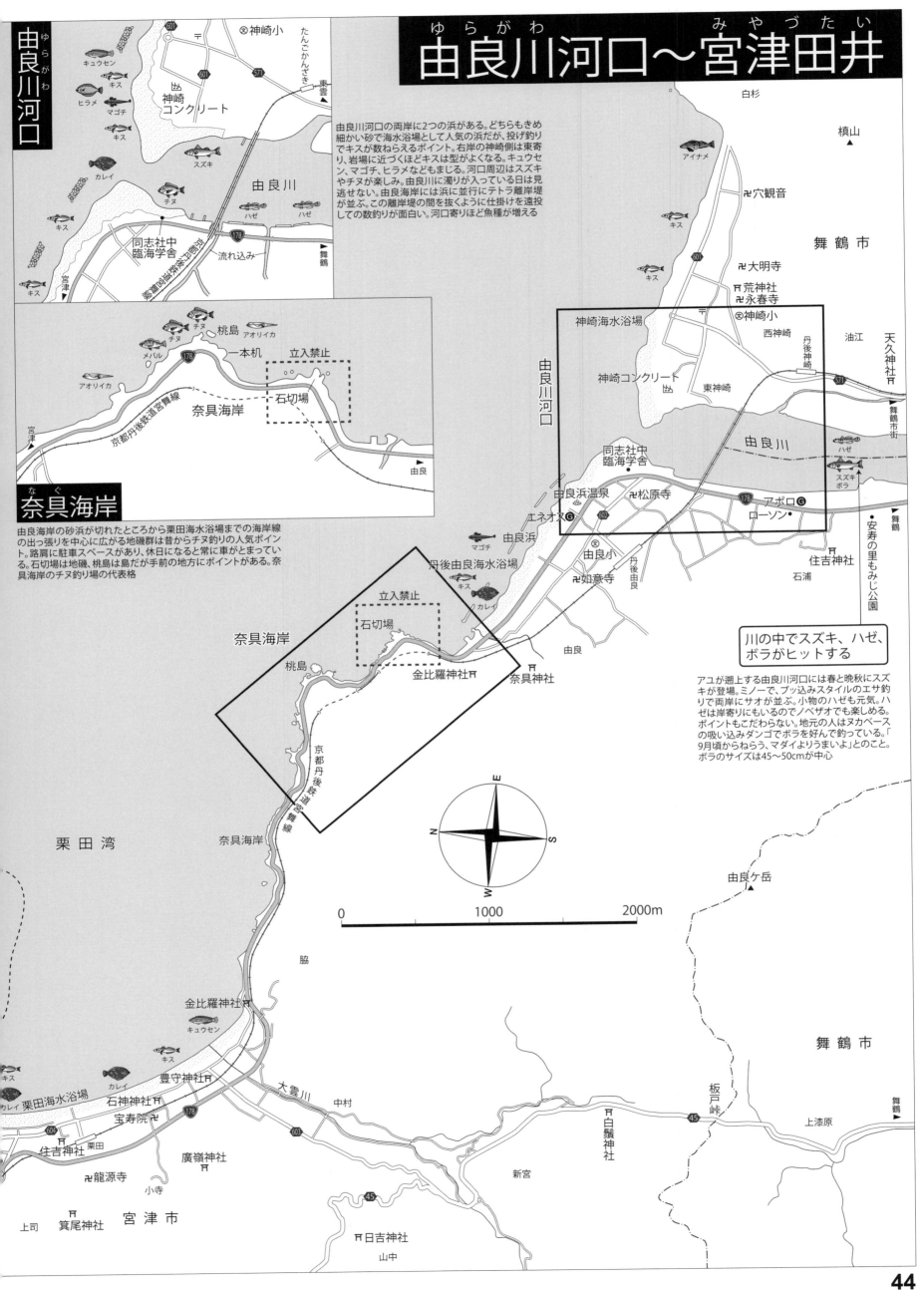

由良川河口～宮津田井

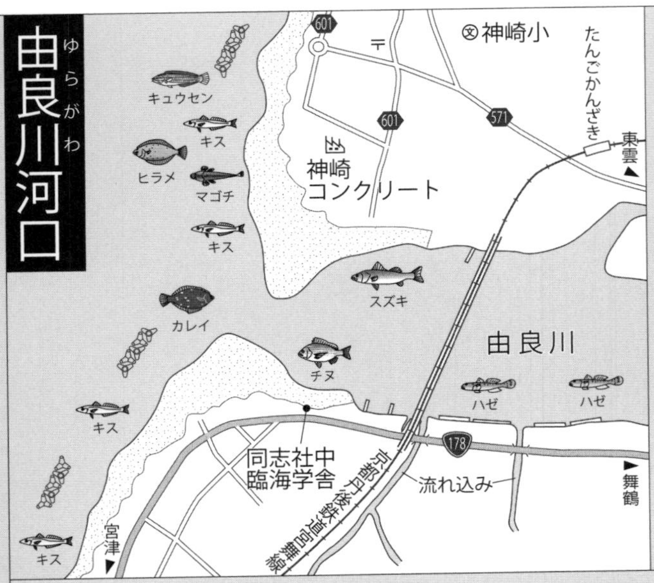

由良川河口の両岸に2つの浜がある。どちらもきめ細かい砂で海水浴場として人気の浜だが、投げ釣りでキスが数ねらえるポイント。右岸の神崎側は東寄り、岩場に近づくほどキスは型がよくなる。キュウセン、マゴチ、ヒラメなどもまじる。河口周辺はスズキやチヌが楽しみ。由良川に濁りが入っている日は見逃せない。由良海岸には浜に並行にテトラ離岸堤が並ぶ。この離岸堤の間を抜くように仕掛けを遠投しての数釣りが面白い。河口寄りほど魚種が増える

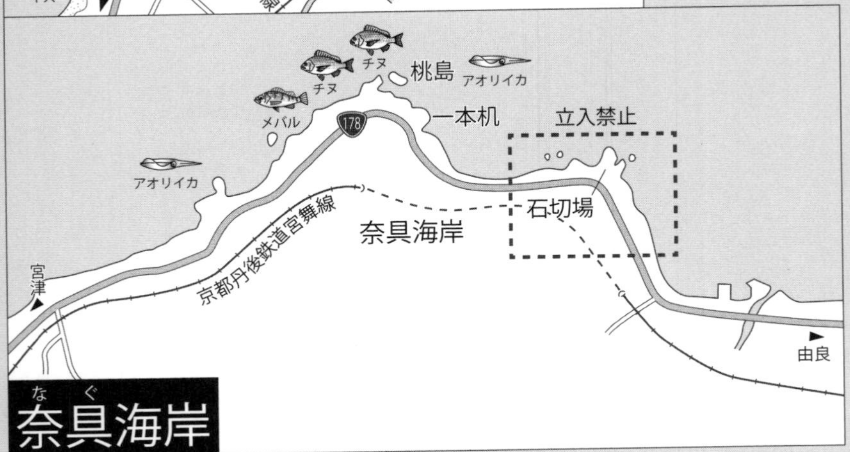

奈具海岸

由良海岸の砂浜が切れたところから栗田海水浴場までの海岸線の出っ張りを中心に広がる地磯群は昔からチヌ釣りの人気ポイント。路肩に駐車スペースがあり、休日になると常に車がとまっている。石切場は地磯、桃島は島だが手前の地方にポイントがある。奈具海岸のチヌ釣り場の代表格

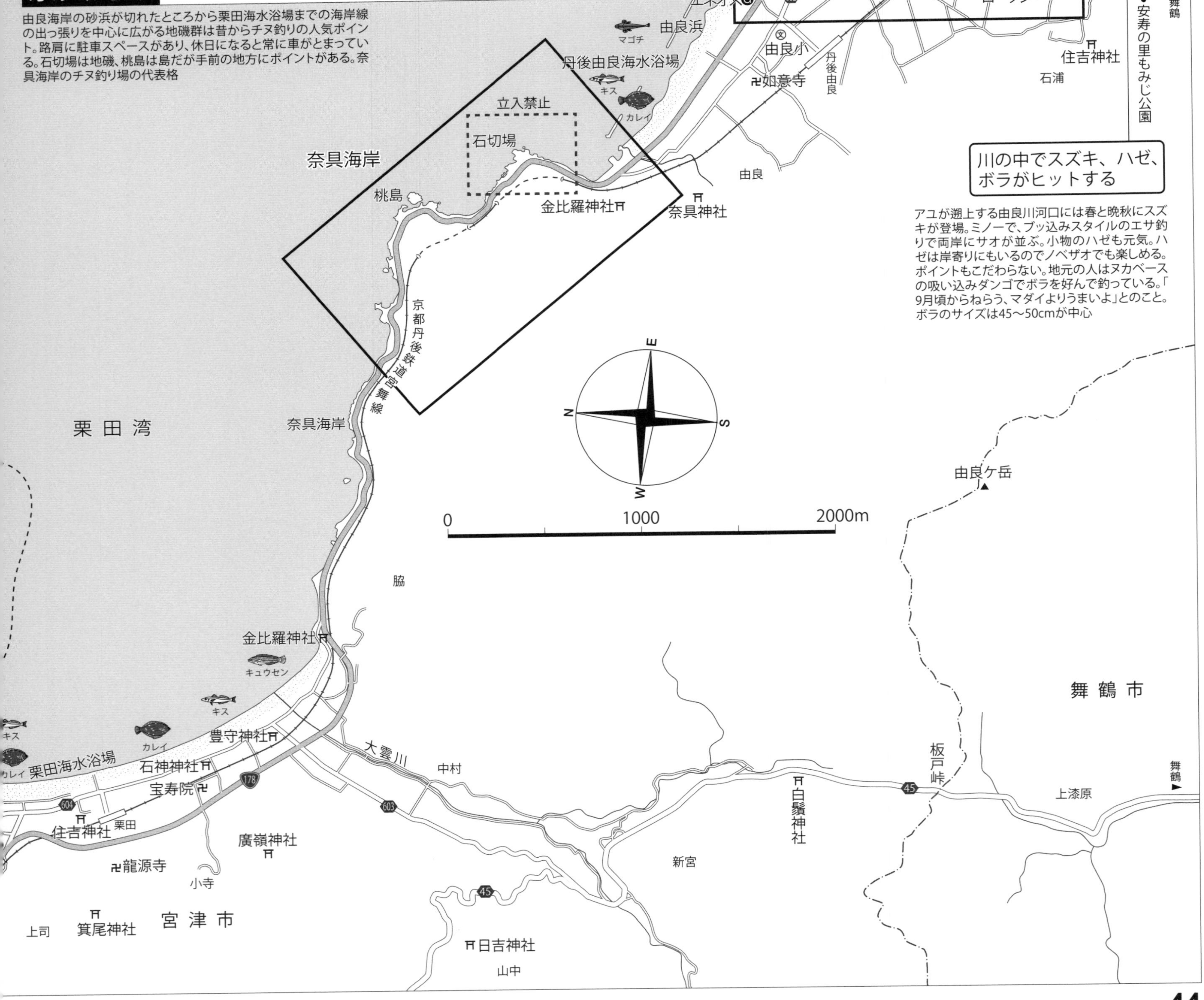

川の中でスズキ、ハゼ、ボラがヒットする

アユが遡上する由良川河口には春と晩秋にスズキが登場。ミノーで、ブッ込みスタイルのエサ釣りで両岸にサオが並ぶ。小物のハゼも元気。ハゼは岸寄りにもいるのでノベザオでも楽しめる。ポイントもこだわらない。地元の人はヌカベースの吸い込みダンゴでボラを好んで釣っている。「9月頃からねらう、マダイよりうまいよ」とのこと。ボラのサイズは45～50cmが中心

田井（たい）・片島（かたしま）の鼻

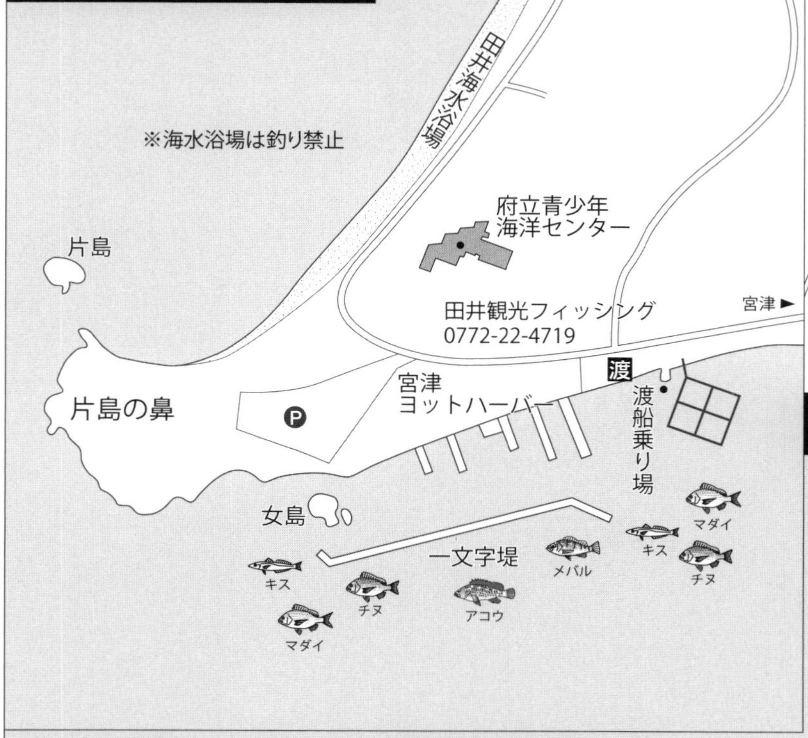

田井の浜はキスがメインターゲット。浜の両側に寄るほどシモリが点在、キュウセンやアイナメがまじる。ヨットハーバー前の一文字はイカダ釣りスタイルかフカセ釣りでの中小型チヌの数釣りが面白い。両端から投げて釣ると型のよいキス、夜にマダイやチヌもヒットする。水面下の防波堤下が空洞になっていて探り釣りでアコウ、メバル釣りも楽しみ

宮津市海洋（みやづし）つり場

海上の釣り桟橋は渡り橋が70m、釣り桟橋は40m×4辺の全長160m、幅5m。小アジ、小型グレ、小型メバル、サヨリ、サンバソウなどが釣りものの中心ながらチヌ、スズキ、キス、シイラ、サゴシなど、魚種が多くここしか来ないベテランも多い。関西電力の施設沿いに右側の道路を山中へ、数分走って駐車場。駐車場から徒歩5分で管理棟、さらに1分ほど下って釣り桟橋。この300mが意外に長い。毎週金曜～月曜と祝日のみの営業。開設期間は4月末～11月末末。利用料金は大人1100円、小中学生500円、幼児は無料

若狭湾

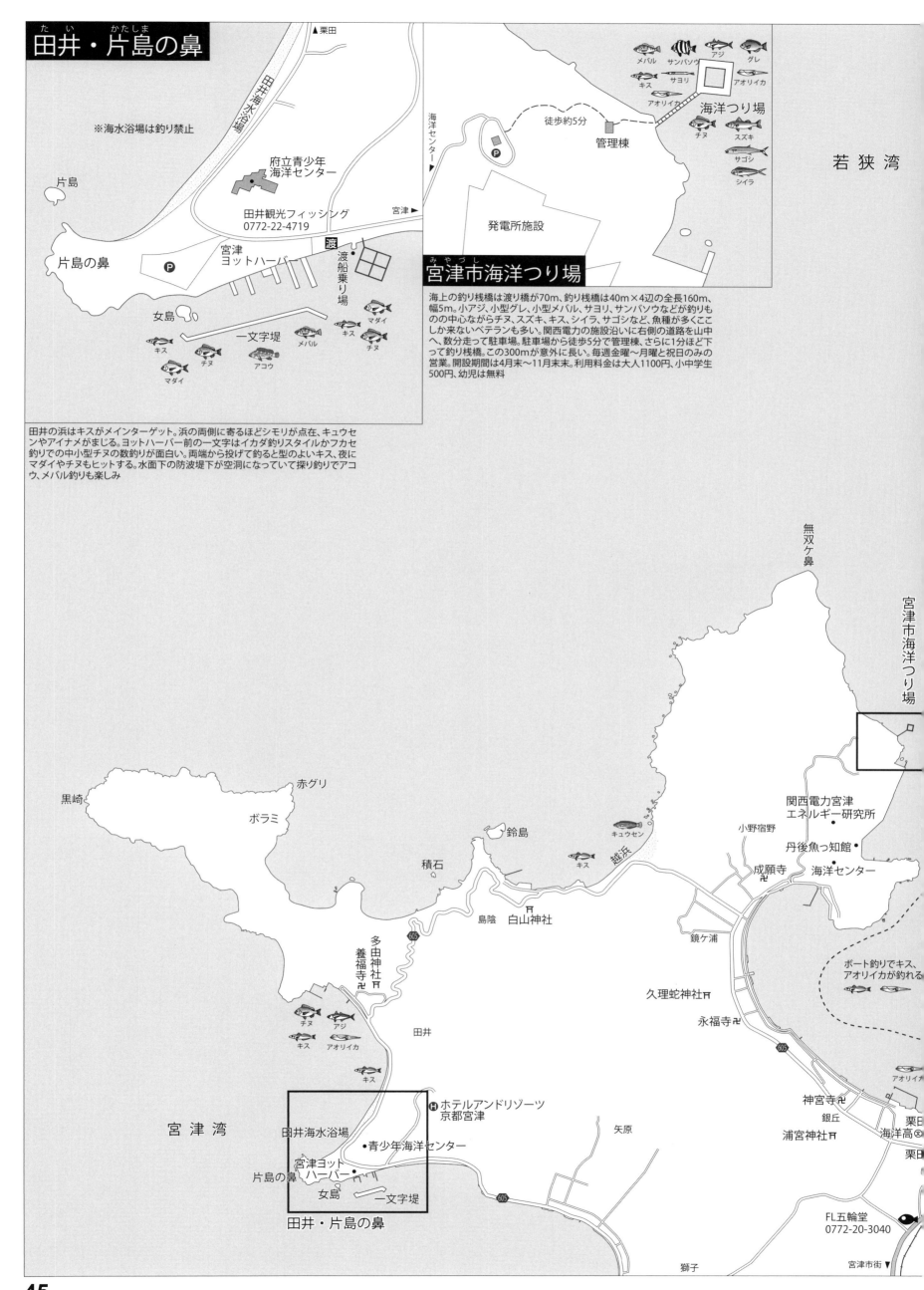

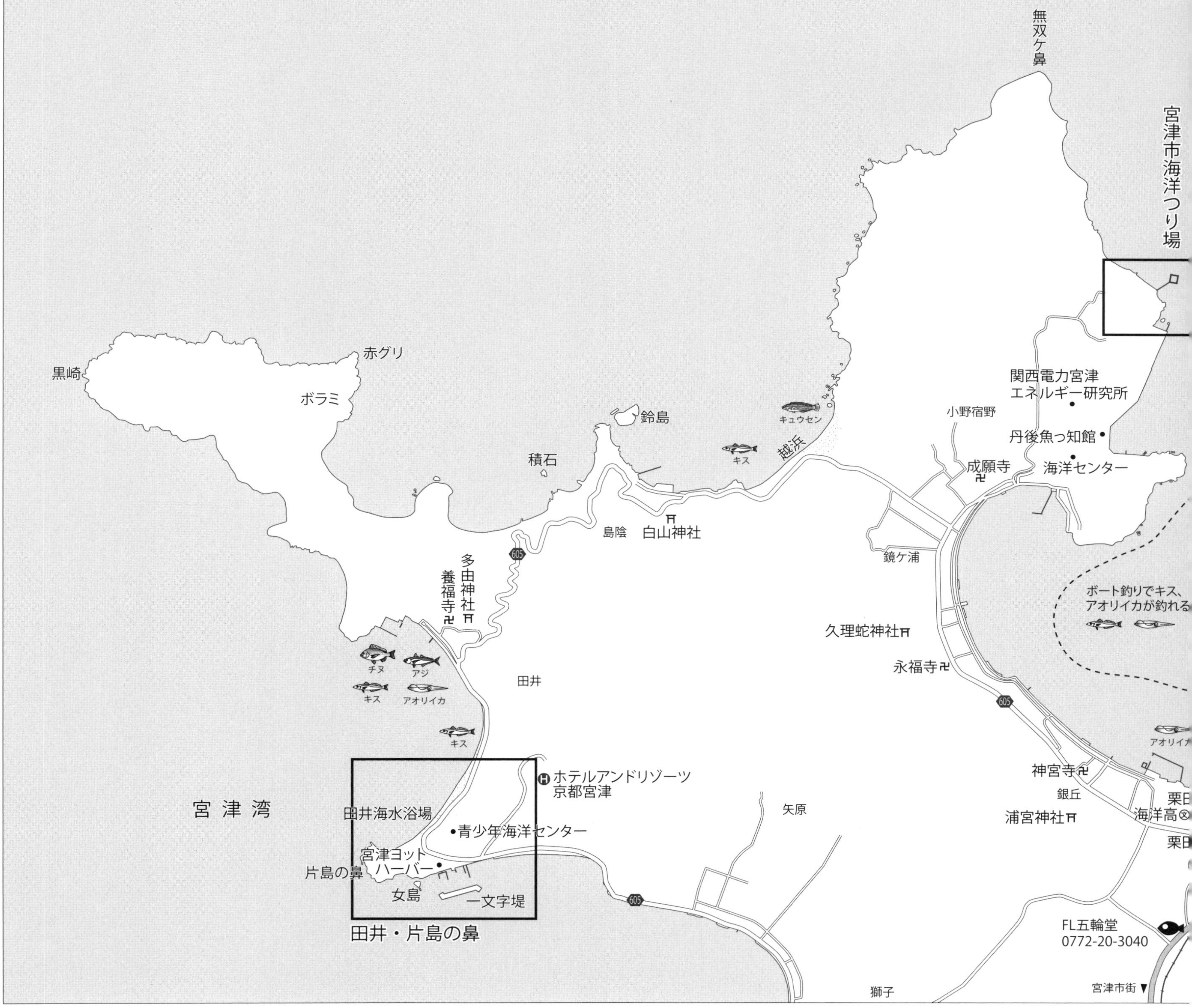

文殊水道周辺

天橋立で仕切られた阿蘇海と宮津湾を出入りする潮が絶えず右に左に流れ魚も活性が高い。晩秋と春のカレイ釣りは水道の吐きだし口付近がポイント。チヌも吐きだし口周辺に実績があるものの、水道の中程でも隠れる場所があるところならウキ釣りでねらえる。ハゼ、サヨリも釣れる。風波が強く外向きでサオがだせないときの逃げ場。大天橋の北詰、天橋立の入り口にある砂浜からはキスが釣れる

杉末の波止

チヌが周年釣れるのが宮津のど真ん中にある杉末の波止。秋口から11月下旬まで小型チヌが活発にサシエに当たり、フカセ釣りで小気味よいアタリが楽しめる。とはいえ杉末はダンゴ釣りが基本。オキアミやシラサエビをダンゴにくるみ、ミャク釣り仕掛けを6、7mほど先に投入。地元の常連は赤灯近く外向きに釣り座を確保する。キスはカーブ付近から遠投。小アジは内外ともＯＫ。冬のサヨリも人気の対象魚。マダコ、根魚も潜んでいる。水面が近く初心者にも釣りやすい。波止の付け根に有料駐車場あり

宮津～江尻

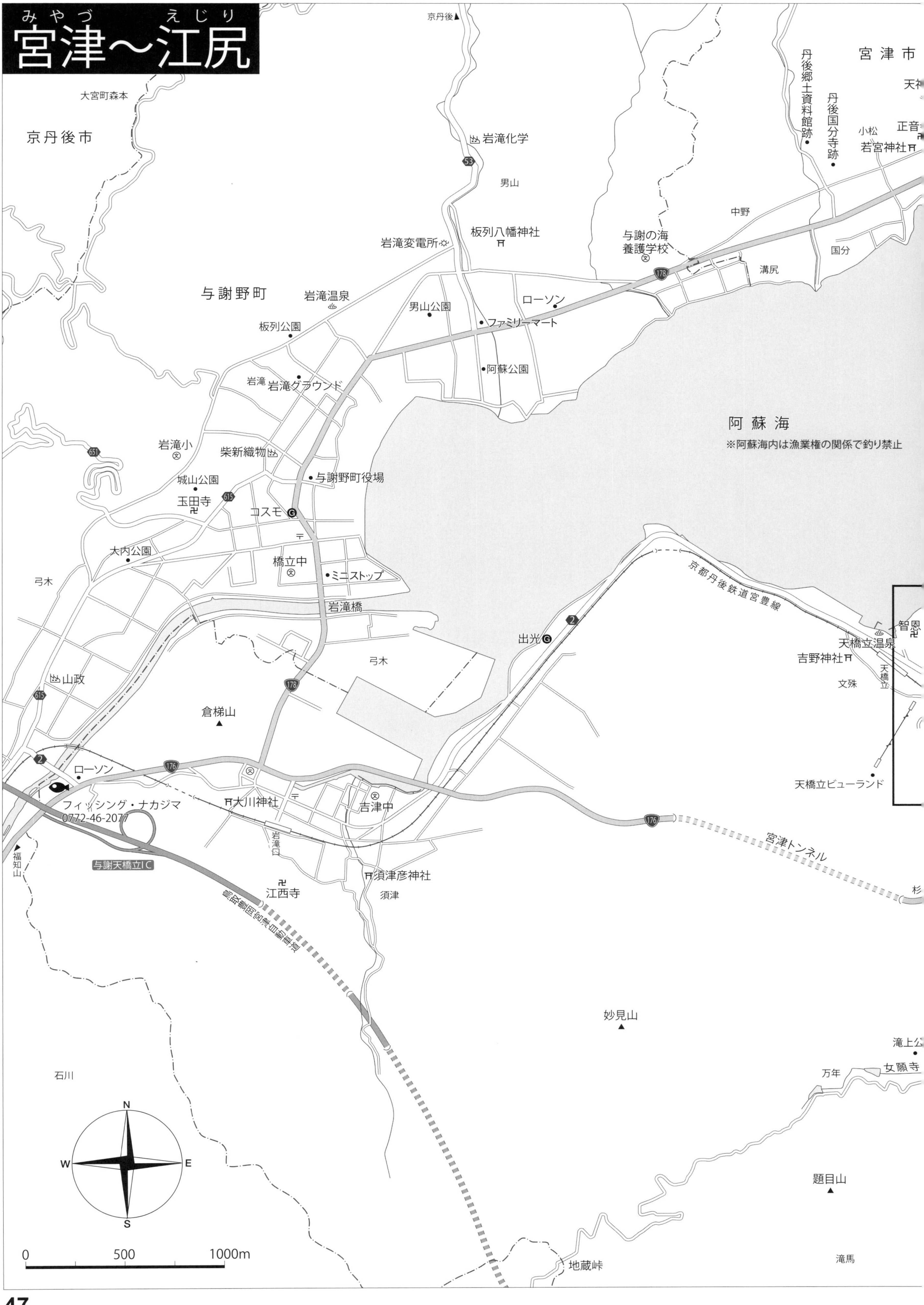

京丹後
宮津市
丹後郷土資料館跡
丹後国分寺跡
小松
正音
若宮神社
大宮町森本
京丹後市
岩滝化学
男山
中野
板列八幡神社
岩滝変電所
与謝の海養護学校
国分
溝尻
与謝野町
岩滝温泉
男山公園
ローソン
ファミリーマート
板列公園
阿蘇公園
岩滝
岩滝グラウンド
阿蘇海
※阿蘇海内は漁業権の関係で釣り禁止
岩滝小
柴新織物
与謝野町役場
城山公園
玉田寺
コスモ
大内公園
橋立中
ミニストップ
弓木
京都丹後鉄道宮豊線
岩滝橋
智恩
天橋立温泉
出光
吉野神社
文殊
天橋立
山政
倉梯山
ローソン
天橋立ビューランド
フィッシング・ナカジマ
0772-46-2077
大川神社
吉津中
岩滝口
宮津トンネル
福知山
与謝天橋立IC
須津彦神社
江西寺
須津
妙見山
滝上公
石川
万年
女願寺
N
W
E
S
題目山
0
500
1000m
地蔵峠
滝馬

日置～里波見

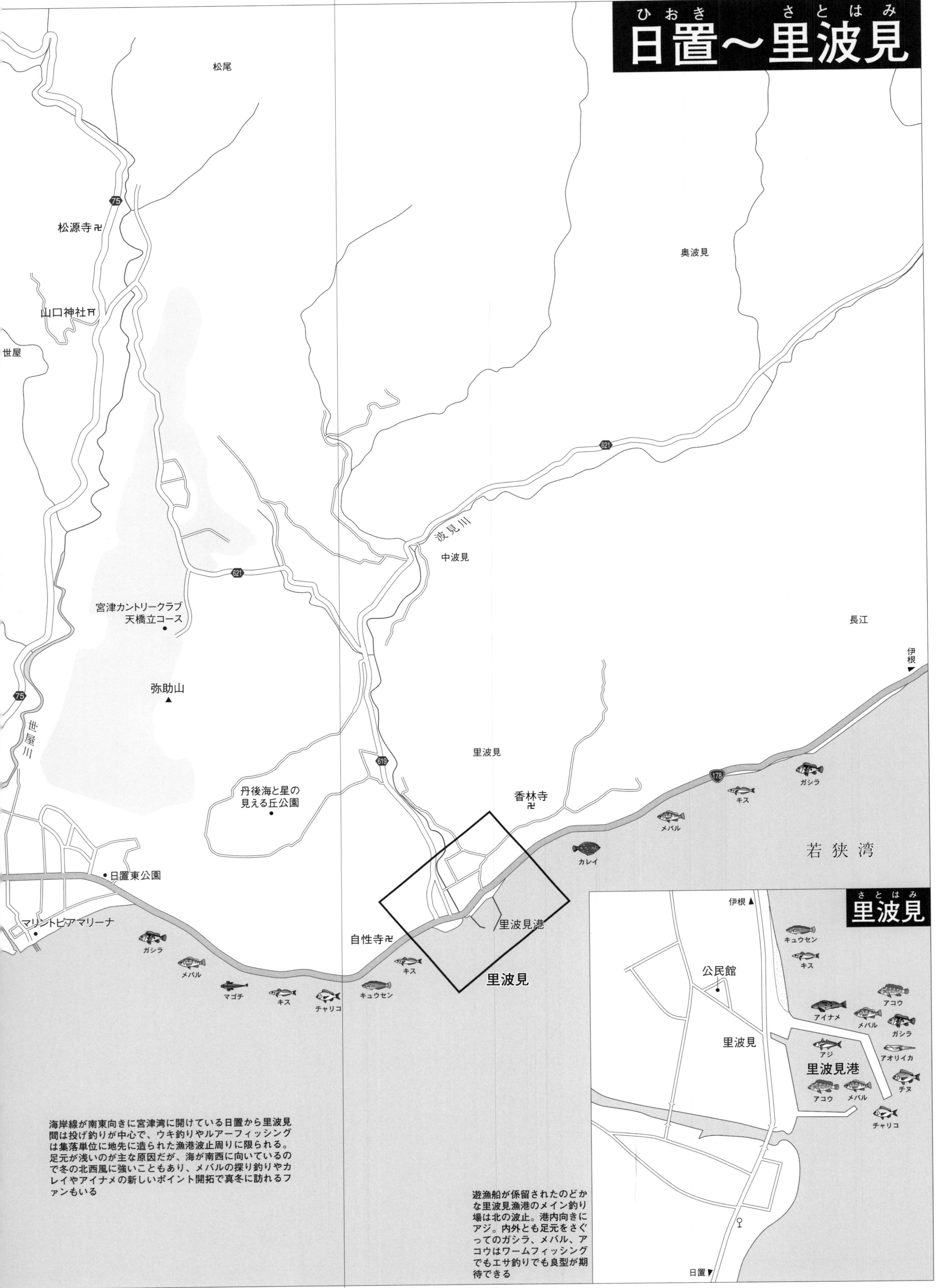

海岸線が南東向きに宮津湾に開けている日置から里波見間は投げ釣りが中心で、ウキ釣りやルアーフィッシングは集落単位に地先に造られた漁港波止周りに限られる。足元が浅いのが主な原因だが、海が南西に向いているので冬の北西風に強いこともあり、メバルの探り釣りやカレイやアイナメの新しいポイント開拓で真冬に訪れるファンもいる

遊漁船が係留されたのどかな里波見漁港のメイン釣り場は北の波止。港内向きにアジ。内外とも足元をさぐってのガシラ、メバル、アコウはワームフィッシングでもエサ釣りでも良型が期待できる

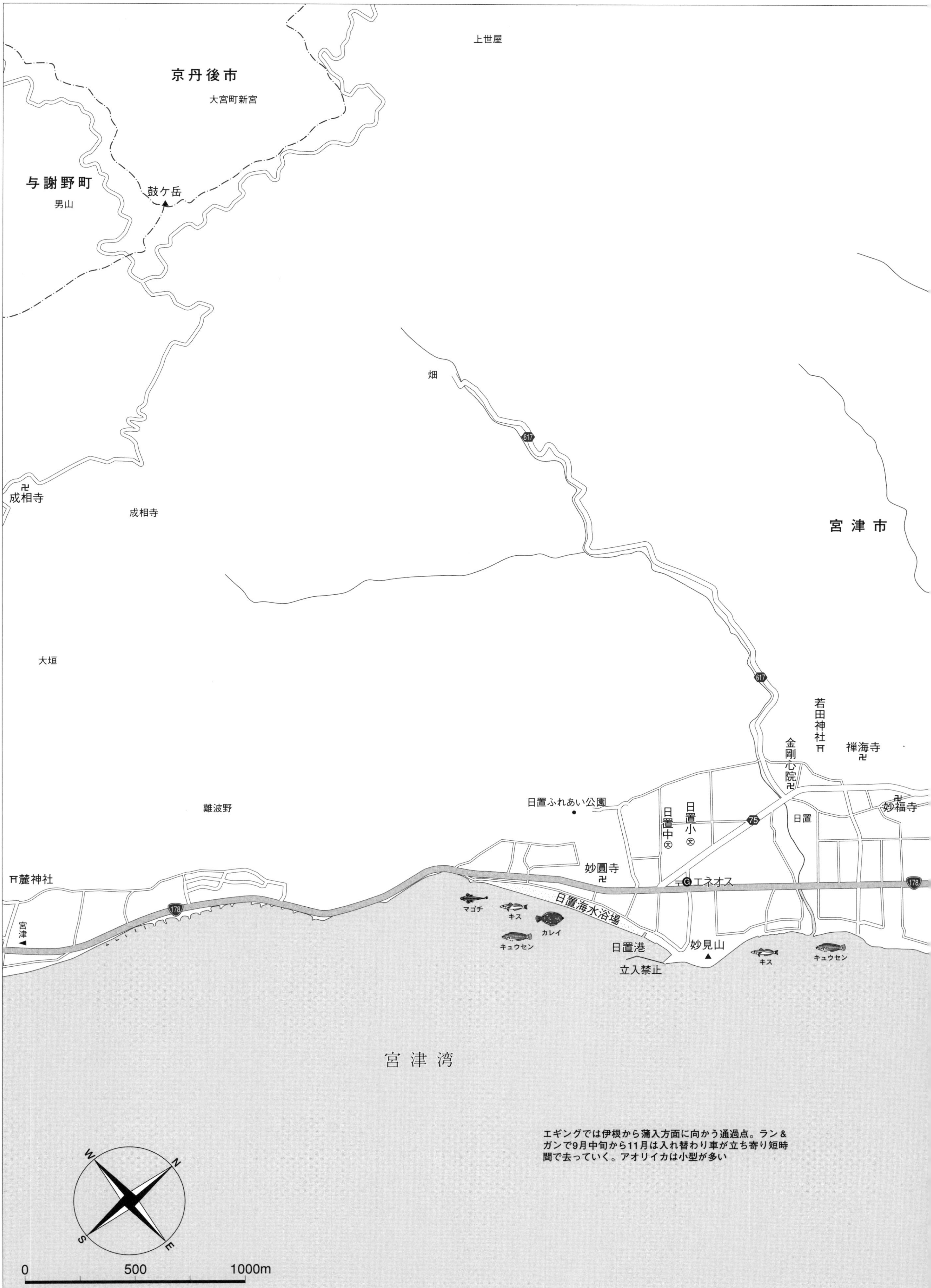
上世屋
京丹後市
大宮町新宮
与謝野町
鼓ケ岳
男山
畑
617
成相寺
成相寺
宮津市
大垣
617
若田神社
金剛心院
禅海寺
日置ふれあい公園
日置小
日置中
日置
妙福寺
75
難波野
妙圓寺
麓神社
エネオス
178
178
宮津
日置海水浴場
マゴチ
キス
カレイ
キュウセン
日置港
妙見山
キス
キュウセン
立入禁止
宮津湾
エギングでは伊根から蒲入方面に向かう通過点。ラン＆ガンで9月中旬から11月は入れ替わり車が立ち寄り短時間で去っていく。アオリイカは小型が多い
W
N
S
E
0
500
1000m

天然の良港、伊根湾内の水辺に並ぶ舟屋は伊根の伝統建築群、貴重な観光資源。それだけ住宅が密集しているわけで湾内でサオがだせる場所は少ない。まず駐車ができない。釣りができる貴重なポイントのひとつが伊根の舟屋を過ぎた湾口にある亀島半島周辺。まず赤灯台がある岩場と合体した波止は投げ釣りでマダイやチヌの良型が期待できる。潮流は速いほうで真冬にはアイナメもねらえる。フカセ釣りはチヌやグレもまじる。灯台波止から東に回り込んだ地磯や護岸からはウキ釣りでグレ、チヌ、メバルが面白い。アオリイカも多い

長江港・大島港

長江港は国道から波止の様子が見え、駐車スペースも道路脇にあるため立ち寄る人が多い明るい雰囲気の漁港。波止でアジが釣れるが沖は砂のようで投げ釣りの近投でもキス、チャリコがヒットして、家族で楽しめる。さらに伊根方面へ。遊漁船基地でもあり付近では規模の大きな港、大島港（養老港）は波止からの小物釣りが中心。こちらは漁協もあり活気がある

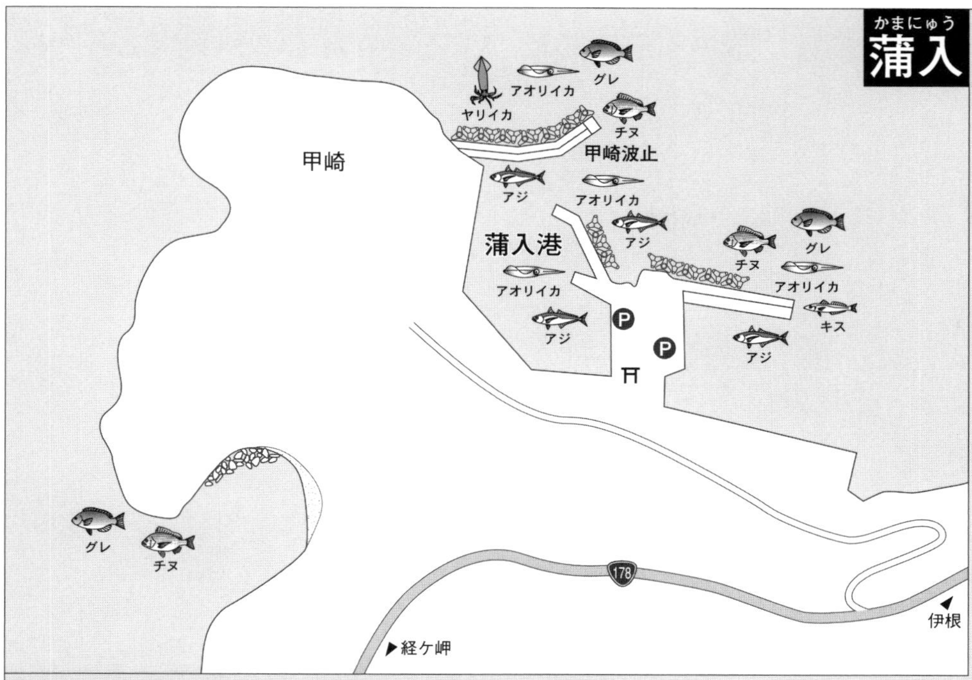

丹後半島東岸ではいちばん経ケ岬に近い港で規模も大きい。昔からの甲崎波止が人気。アオリイカねらいなら港内中央、神社のある場所から左右に延びる2本の波止もあなどれない。波止先端か外向きでオキアミをハリに刺したウキ釣り仕掛けを流すとグレが釣れる。投げ釣りは港内向きか南側の波止先端が面白い

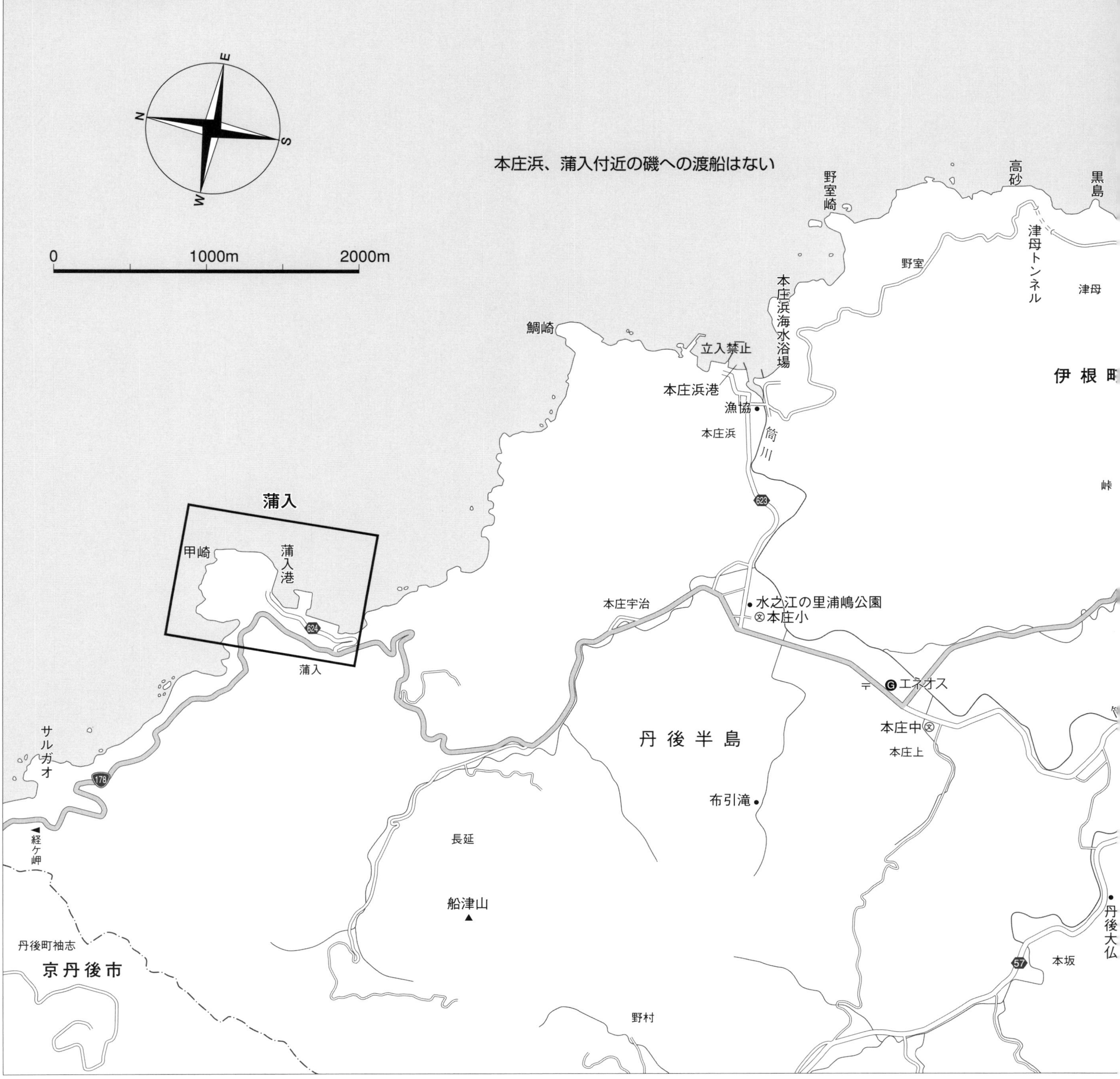

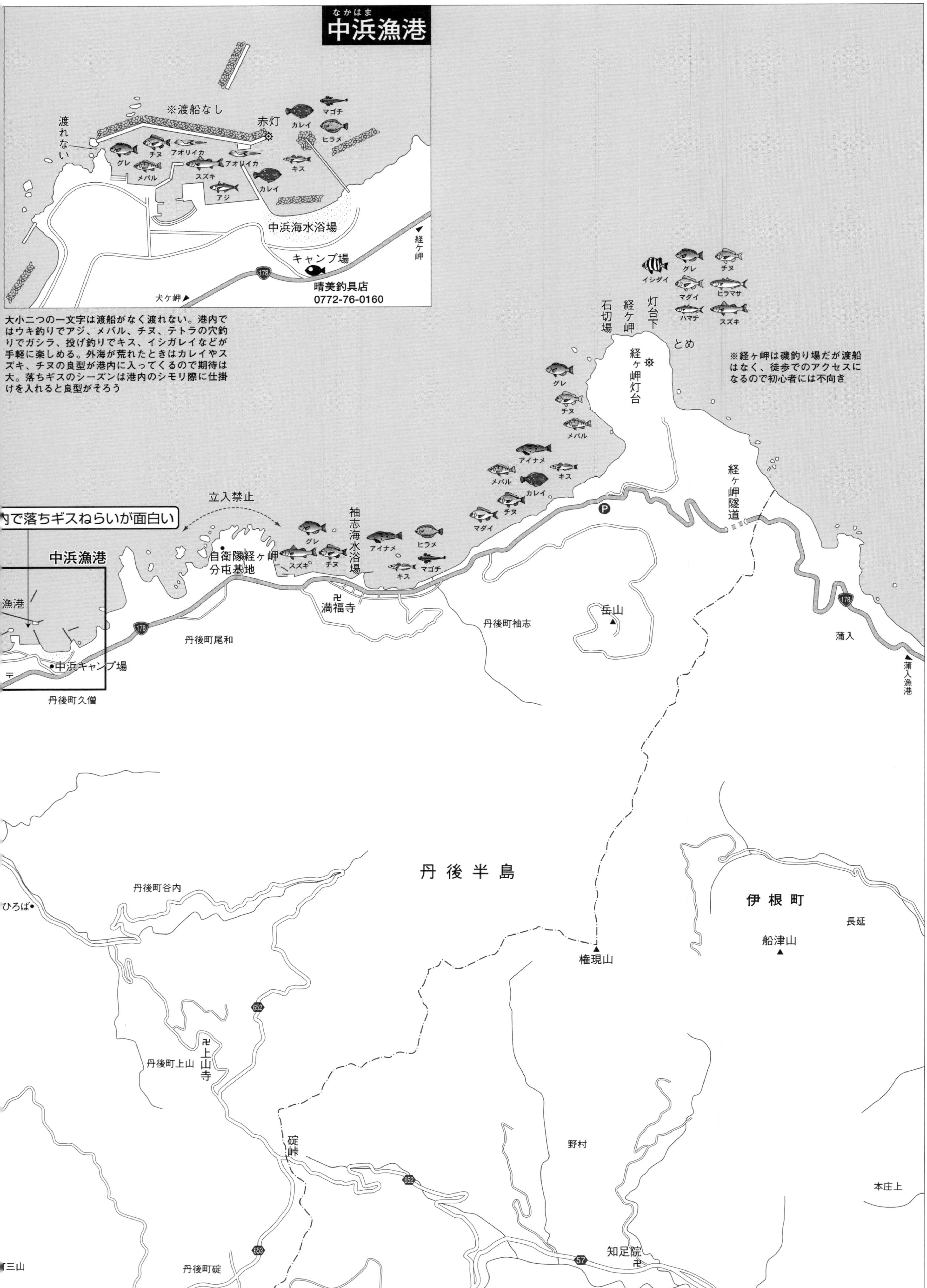
なかはま
中浜漁港
※渡船なし
渡れない
赤灯
マゴチ
カレイ
ヒラメ
グレ
チヌ
アオリイカ
メバル
スズキ
アオリイカ
キス
アジ
カレイ
中浜海水浴場
経ヶ岬
キャンプ場
178
犬ケ岬
晴美釣具店
0772-76-0160
大小二つの一文字は渡船がなく渡れない。港内ではウキ釣りでアジ、メバル、チヌ、テトラの穴釣りでガシラ、投げ釣りでキス、イシガレイなどが手軽に楽しめる。外海が荒れたときはカレイやスズキ、チヌの良型が港内に入ってくるので期待は大。落ちギスのシーズンは港内のシモリ際に仕掛けを入れると良型がそろう
イシダイ
グレ
チヌ
マダイ
ヒラマサ
ハマチ
スズキ
石切場
経ケ岬
灯台下
とめ
経ヶ岬灯台
※経ヶ岬は磯釣り場だが渡船はなく、徒歩でのアクセスになるので初心者には不向き
グレ
チヌ
メバル
アイナメ
メバル
キス
カレイ
チヌ
マダイ
経ヶ岬隧道
立入禁止
内で落ちギスねらいが面白い
中浜漁港
漁港
自衛隊経ヶ岬分屯基地
グレ
スズキ
チヌ
袖志海水浴場
アイナメ
ヒラメ
キス
マゴチ
満福寺
岳山
丹後町袖志
丹後町尾和
178
中浜キャンプ場
丹後町久僧
蒲入
蒲入漁港
丹後半島
丹後町谷内
ひろば
伊根町
長延
船津山
権現山
652
丹後町上山
上山寺
碇峠
652
野村
本庄上
653
三山
丹後町碇
知足院
57

経ヶ岬〜竹野

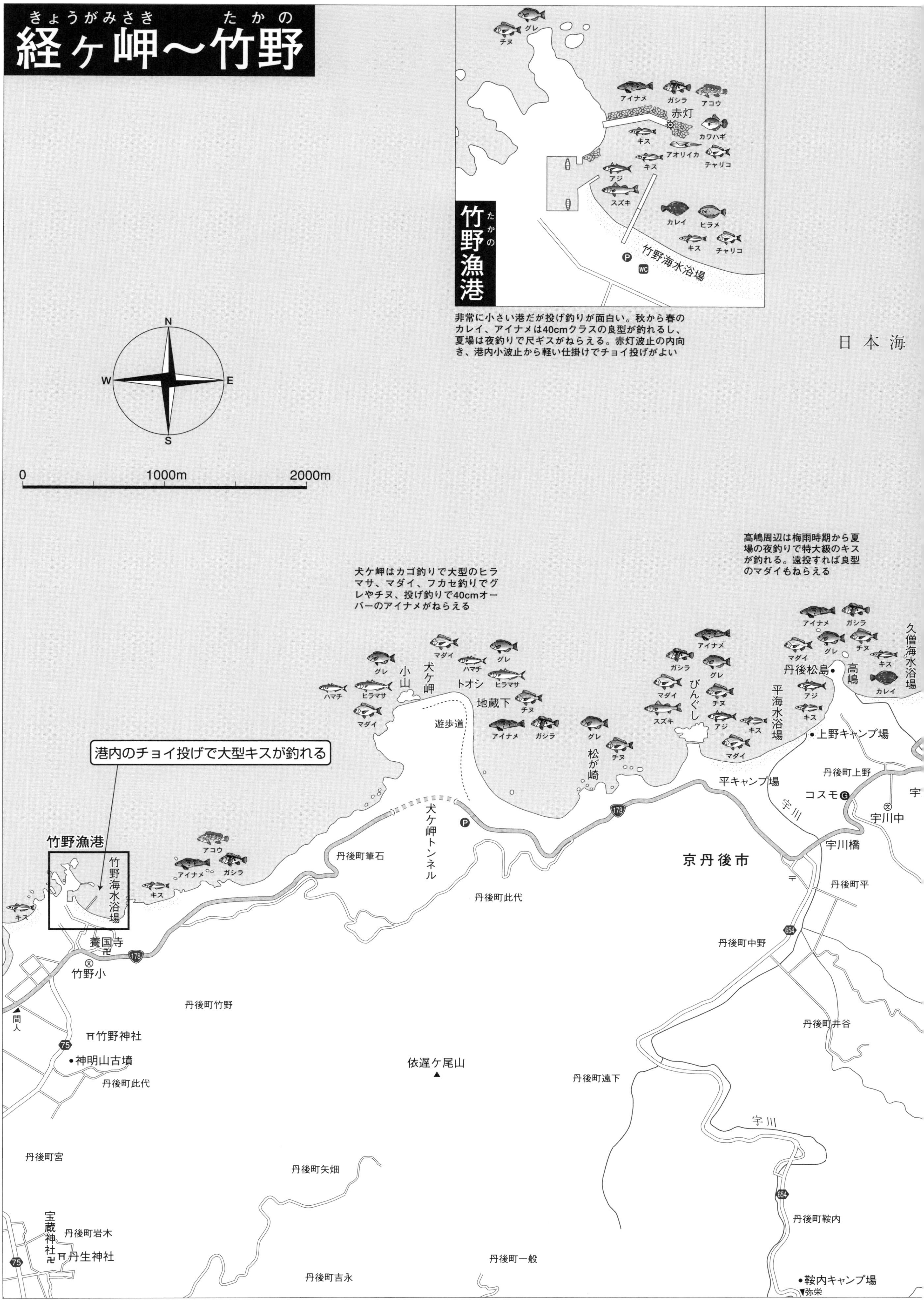

竹野漁港
たかの
赤灯
グレ
チヌ
アイナメ
ガシラ
アコウ
カワハギ
キス
アオリイカ
チャリコ
アジ
スズキ
カレイ
ヒラメ
竹野海水浴場
非常に小さい港だが投げ釣りが面白い。秋から春のカレイ、アイナメは40cmクラスの良型が釣れるし、夏場は夜釣りで尺ギスがねらえる。赤灯波止の内向き、港内小波止から軽い仕掛けでチョイ投げがよい
日本海
N
S
E
W
0
1000m
2000m
高嶋周辺は梅雨時期から夏場の夜釣りで特大級のキスが釣れる。遠投すれば良型のマダイもねらえる
犬ケ岬はカゴ釣りで大型のヒラマサ、マダイ、フカセ釣りでグレやチヌ、投げ釣りで40cmオーバーのアイナメがねらえる
港内のチョイ投げで大型キスが釣れる
ハマチ
ヒラマサ
マダイ
小山
犬ケ岬
トオシ
地蔵下
遊歩道
松が崎
びんぐし
平海水浴場
丹後松島
高嶋
久僧海水浴場
上野キャンプ場
平キャンプ場
丹後町上野
コスモ
宇川
宇川中
宇
宇川橋
犬ケ岬トンネル
丹後町筆石
京丹後市
丹後町平
丹後町此代
竹野漁港
竹野海水浴場
養国寺
竹野小
178
654
75
間人
竹野神社
神明山古墳
丹後町此代
丹後町竹野
丹後町中野
丹後町井谷
依遅ケ尾山
丹後町遠下
丹後町宮
丹後町矢畑
丹後町鞍内
宝蔵神社
丹後町岩木
丹生神社
丹後町一般
丹後町吉永
鞍内キャンプ場
弥栄

間人〜浅茂川

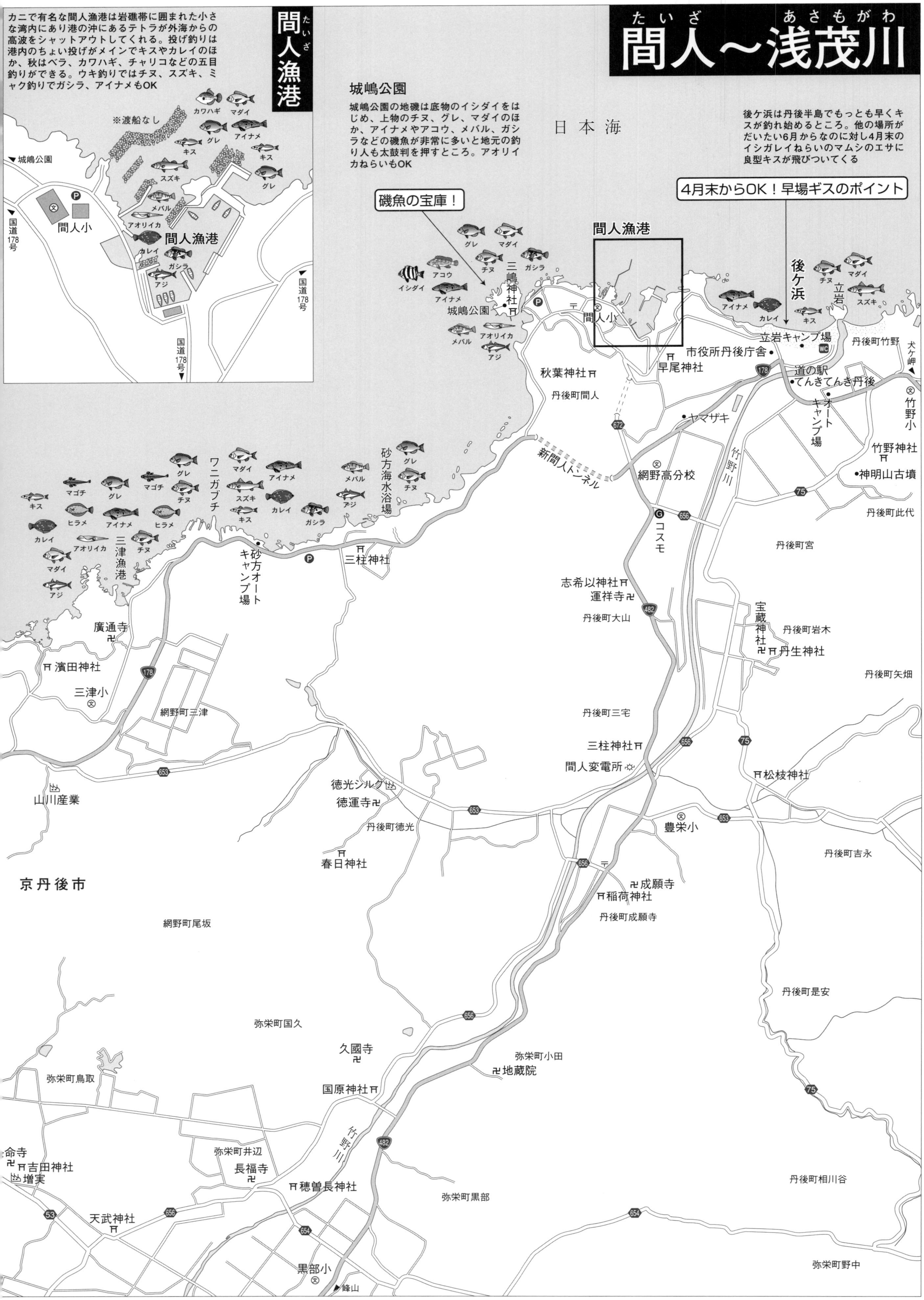

たいざ　あさもがわ
間人〜浅茂川
間人漁港
カニで有名な間人漁港は岩礁帯に囲まれた小さな湾内にあり港の沖にあるテトラが外海からの高波をシャットアウトしてくれる。投げ釣りは港内のちょい投げがメインでキスやカレイのほか、秋はベラ、カワハギ、チャリコなどの五目釣りができる。ウキ釣りではチヌ、スズキ、ミャク釣りでガシラ、アイナメもOK
※渡船なし
城嶋公園
間人小
間人漁港
国道178号
カワハギ
マダイ
グレ
アイナメ
キス
スズキ
メバル
アオリイカ
カレイ
ガシラ
アジ
城嶋公園
城嶋公園の地磯は底物のイシダイをはじめ、上物のチヌ、グレ、マダイのほか、アイナメやアコウ、メバル、ガシラなどの磯魚が非常に多いと地元の釣り人も太鼓判を押すところ。アオリイカねらいもOK
日本海
後ケ浜は丹後半島でもっとも早くキスが釣れ始めるところ。他の場所がだいたい6月からなのに対し4月末のイシガレイねらいのマムシのエサに良型キスが飛びついてくる
磯魚の宝庫！
4月末からOK！早場ギスのポイント
間人漁港
後ケ浜
立岩
三嶋神社
城嶋公園
イシダイ
アコウ
アイナメ
チヌ
立岩キャンプ場
市役所丹後庁舎
丹後町竹野
犬ケ岬
秋葉神社
早尾神社
道の駅
てんきてんき丹後
オートキャンプ場
丹後町間人
ヤマザキ
竹野小
竹野神社
神明山古墳
新間人トンネル
網野高分校
竹野川
コスモ
丹後町此代
丹後町宮
砂方海水浴場
ワニガブチ
マゴチ
ヒラメ
三津漁港
砂方オートキャンプ場
三柱神社
志希以神社
運祥寺
丹後町大山
宝蔵神社
丹後町岩木
丹生神社
丹後町矢畑
廣通寺
濱田神社
三津小
網野町三津
丹後町三宅
三柱神社
間人変電所
松枝神社
山川産業
徳光シルク
徳運寺
丹後町徳光
豊栄小
丹後町吉永
春日神社
京丹後市
成願寺
稲荷神社
丹後町成願寺
網野町尾坂
丹後町是安
弥栄町国久
久國寺
弥栄町小田
地蔵院
弥栄町鳥取
国原神社
命寺
吉田神社
増実
弥栄町井辺
長福寺
穂曽長神社
丹後町相川谷
弥栄町黒部
天武神社
黒部小
峰山
弥栄町野中

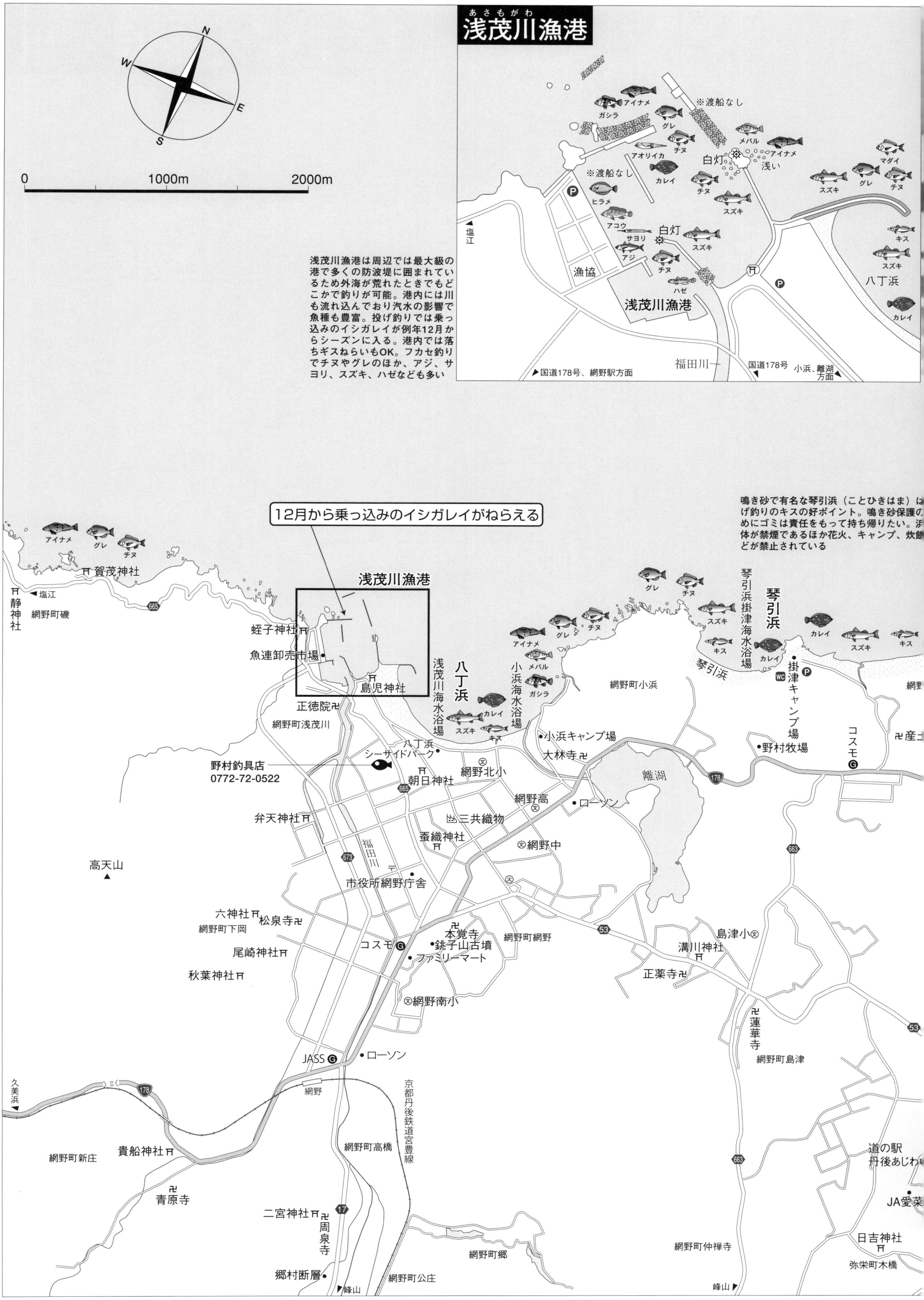

浅茂川漁港
（あさもがわ）

浅茂川漁港は周辺では最大級の
港で多くの防波堤に囲まれてい
るため外海が荒れたときでもど
こかで釣りが可能。港内には川
も流れ込んでおり汽水の影響で
魚種も豊富。投げ釣りでは乗っ
込みのイシガレイが例年12月か
らシーズンに入る。港内では落
ちギスねらいもOK。フカセ釣り
でチヌやグレのほか、アジ、サ
ヨリ、スズキ、ハゼなども多い

ガシラ　アイナメ　※渡船なし
グレ
アオリイカ　メバル　アイナメ
※渡船なし　白灯　浅い
カレイ　チヌ　マダイ　グレ　チヌ
ヒラメ　チヌ　スズキ　スズキ　グレ
アコウ　白灯　スズキ
サヨリ
アジ　チヌ　キス
ハゼ　スズキ

P　漁協

浅茂川漁港　八丁浜　カレイ

▶国道178号、網野駅方面　福田川　国道178号　小浜、離湖方面▶

12月から乗っ込みのイシガレイがねらえる

鳴き砂で有名な琴引浜（ことひきはま）は
げ釣りのキスの好ポイント。鳴き砂保護の
めにゴミは責任をもって持ち帰りたい。浜
体が禁煙であるほか花火、キャンプ、炊飯
どが禁止されている

アイナメ　グレ　チヌ

賀茂神社
静神社
◀塩江
網野町磯

浅茂川漁港

蛭子神社
魚連卸売市場

島児神社

正徳院
網野町浅茂川

野村釣具店
0772-72-0522

浅茂川海水浴場
八丁浜シーサイドパーク
八丁浜

八丁浜

グレ　チヌ
アイナメ　グレ　チヌ
小浜海水浴場
メバル　ガシラ
カレイ
スズキ　キス

グレ　チヌ
スズキ
琴引浜　キス

琴引浜掛津海水浴場
琴引浜
カレイ　スズキ　キス

網野町小浜

小浜キャンプ場
大林寺

掛津キャンプ場
WC　P

野村牧場
コスモ G
産

離湖

178

663

朝日神社
網野北小
網野高
ローソン

弁天神社
蚕織神社
網野中

三共織物

高天山▲

市役所網野庁舎

福田川

六神社　松泉寺
網野町下岡
尾崎神社
秋葉神社

コスモ G

本覚寺
銚子山古墳
ファミリーマート
網野町網野

網野南小

島津小
溝川神社

正薬寺

53

蓮華寺
網野町島津

JASS G　ローソン

網野

久美浜◀
178

貴船神社
網野町新庄
青原寺

網野町高橋

京都丹後鉄道宮豊線

二宮神社
周泉寺
17
郷村断層
峰山
網野町公庄

網野町郷

網野町仲禅寺

峰山

663

道の駅
丹後あじわ

JA愛菜

日吉神社
弥栄町木橋

53

塩江～久美浜・旭

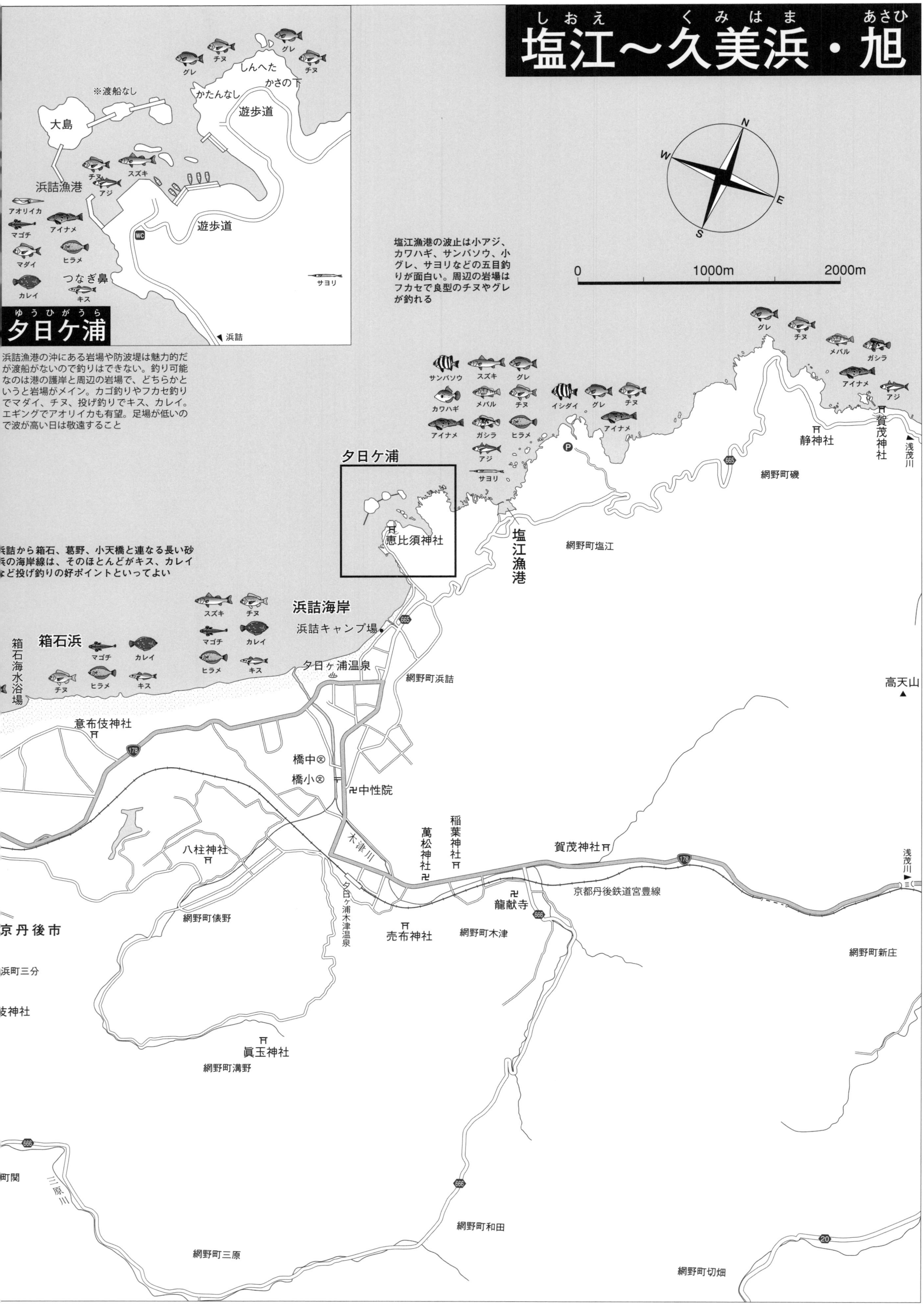

浜詰漁港の沖にある岩場や防波堤は魅力的だが渡船がないので釣りはできない。釣り可能なのは港の護岸と周辺の岩場で、どちらかというと岩場がメイン。カゴ釣りやフカセ釣りでマダイ、チヌ、投げ釣りでキス、カレイ。エギングでアオリイカも有望。足場が低いので波が高い日は敬遠すること

塩江漁港の波止は小アジ、カワハギ、サンバソウ、小グレ、サヨリなどの五目釣りが面白い。周辺の岩場はフカセで良型のチヌやグレが釣れる

浜詰から箱石、葛野、小天橋と連なる長い砂浜の海岸線は、そのほとんどがキス、カレイなど投げ釣りの好ポイントといってよい

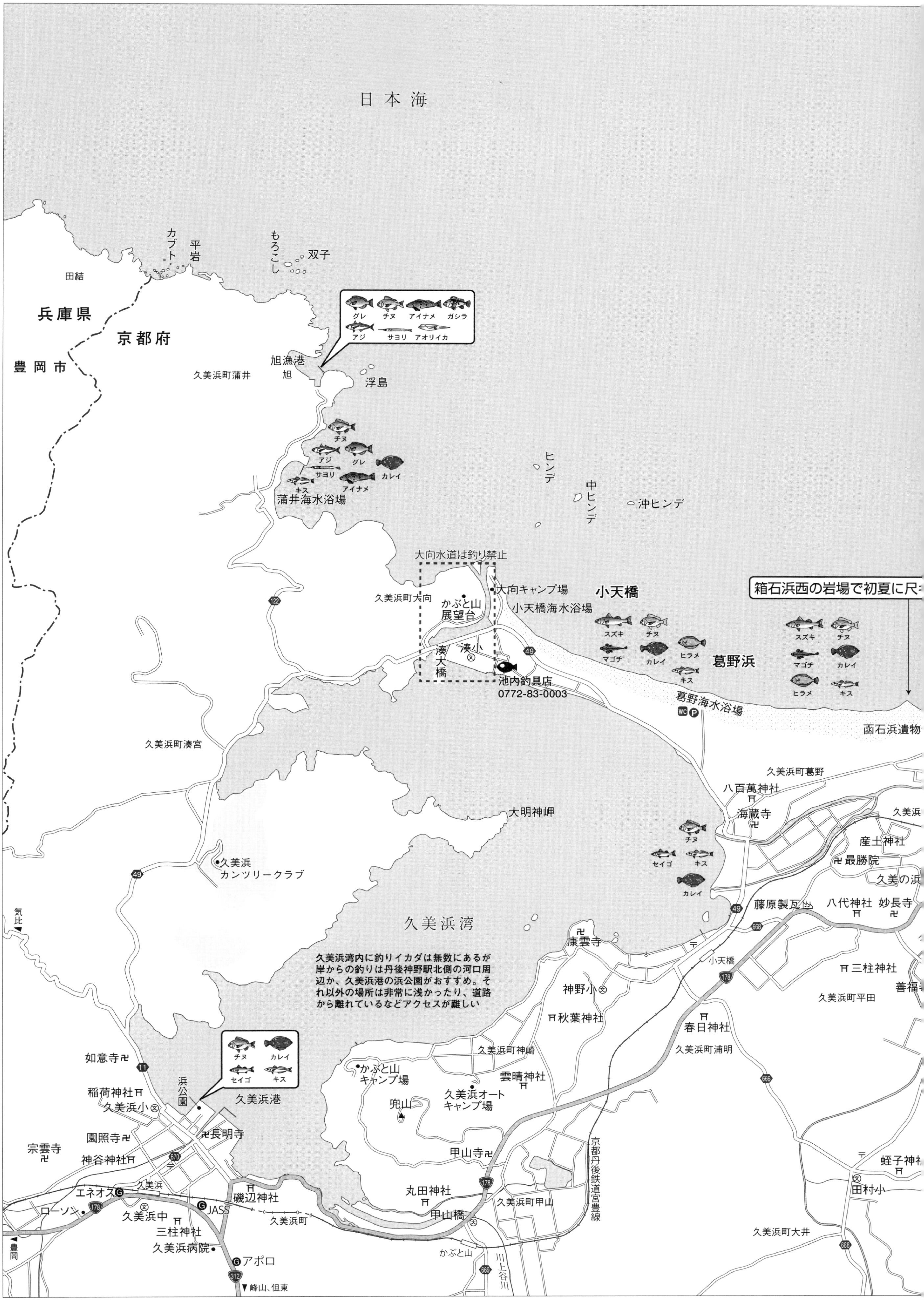
日本海
カブト
平岩
もろこし
双子
田結
兵庫県
京都府
豊岡市
グレ
チヌ
アイナメ
ガシラ
アジ
サヨリ
アオリイカ
旭漁港
旭
久美浜町蒲井
浮島
チヌ
アジ
グレ
カレイ
サヨリ
キス
アイナメ
蒲井海水浴場
ヒンデ
中ヒンデ
沖ヒンデ
大向水道は釣り禁止
大向キャンプ場
小天橋
小天橋海水浴場
久美浜町大向
かぶと山展望台
湊大橋
湊小
池内釣具店
0772-83-0003
スズキ
チヌ
マゴチ
カレイ
ヒラメ
キス
葛野浜
葛野海水浴場
箱石浜西の岩場で初夏に尺
函石浜遺物
スズキ
チヌ
マゴチ
カレイ
ヒラメ
キス
久美浜町湊宮
久美浜町葛野
八百萬神社
海蔵寺
大明神岬
産土神社
最勝院
久美の浜
チヌ
セイゴ
キス
カレイ
久美浜カンツリークラブ
気比
藤原製瓦
八代神社
妙長寺
久美浜湾
康雲寺
小天橋
三柱神社
善福
久美浜湾内に釣りイカダは無数にあるが岸からの釣りは丹後神野駅北側の河口周辺か、久美浜港の浜公園がおすすめ。それ以外の場所は非常に浅かったり、道路から離れているなどアクセスが難しい
神野小
秋葉神社
久美浜町平田
春日神社
久美浜町浦明
久美浜町神崎
チヌ
カレイ
セイゴ
キス
如意寺
浜公園
久美浜港
かぶと山キャンプ場
雲晴神社
稲荷神社
久美浜小
兜山
久美浜オートキャンプ場
園照寺
長明寺
宗雲寺
神谷神社
京都丹後鉄道宮豊線
甲山寺
蛭子神社
久美浜
エネオス
磯辺神社
丸田神社
田村小
ローソン
JASS
久美浜中
三柱神社
久美浜町
甲山橋
久美浜町甲山
久美浜町大井
豊岡
久美浜病院
アポロ
かぶと山
川上谷川
峰山、但東

津居山港は円山川河口に造られた港なので汽水を好むチヌやスズキが非常に多く、スズキはルアーのほかエビ撒き釣りで80cmオーバーの大型が釣れる。人気の釣り場は右岸川の気比堤防。チヌ、スズキ以外に投げ釣りのキス、カレイ、アイナメ、サビキでアジ、ウキ釣りでサヨリなど五目釣りが楽しめる

田結漁港は気比の浜の東に位置し津居山方面の磯へ渡す渡船が出る港。水深はなく円山川の影響も受けるためチヌやスズキ、投げのキス、サビキのアジがメインの釣りもの。一番北にある波止はアオリイカもねらえる

京都府境から神水の鼻、長磯、竜宮、オットセイまでの磯へは田結漁港の渡船えの本で渡る

神水の鼻、赤岩、長磯などは円山川の真水の影響を受け、特に濁りが入ったときはチヌ、スズキの大型が有望。神水の鼻はアオリイカのポイントとしても人気がある。竜宮、オットセイ方面はグレ、マダイ、イシダイなどのターゲットもプラスして楽しめる

田結（たい）～竹野（たけの）

猫崎半島の付け根、竹野川河口の東西に造られた竹野港はファミリーフィッシングに最適の釣り場。特に竹野浜側にある大きい防波堤が人気。アジ、キス、カレイ、チヌ、グレ、メバル、ガシラ、アオリイカと釣りものも多彩。西側は川の影響でチヌやスズキなども多く、川筋ではウナギも釣れる

竹野港（たけの）

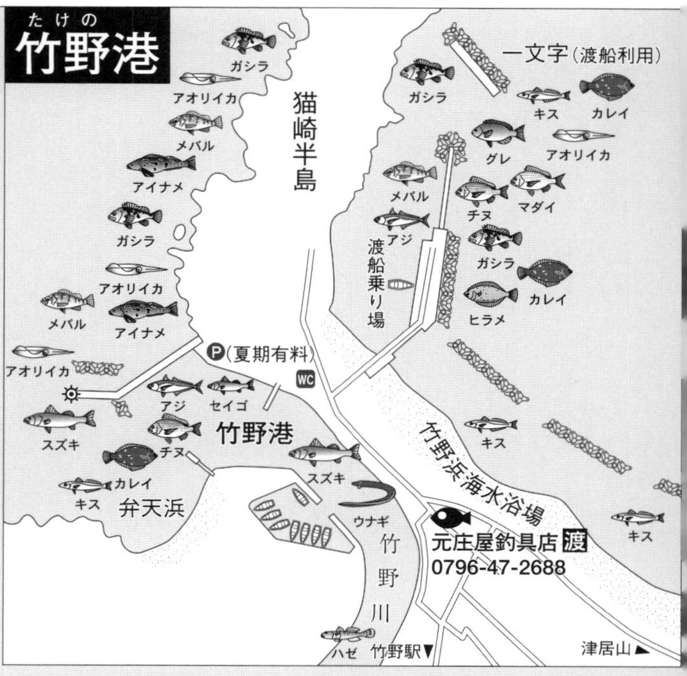

平井ノ鼻、包丁、冠島、猫崎半島、大マンなどの磯へは竹野港から元庄屋釣具店の渡船で渡る

猫崎半島を中心とした竹野の渡船区は磯の数も非常に多く、四季の釣りものや天候に合わせて多彩に楽しめる。北西風が吹き荒れ但馬のほとんどの磯がアウトの場合でも、猫崎半島の東側は風裏になりサオが振れる。半島先端部はヒラマサ、マダイ、イシダイ、グレの大型が多く、大仏や小仏では6～7月に夜釣りで日本海では少ないイサギの良型がねらえる

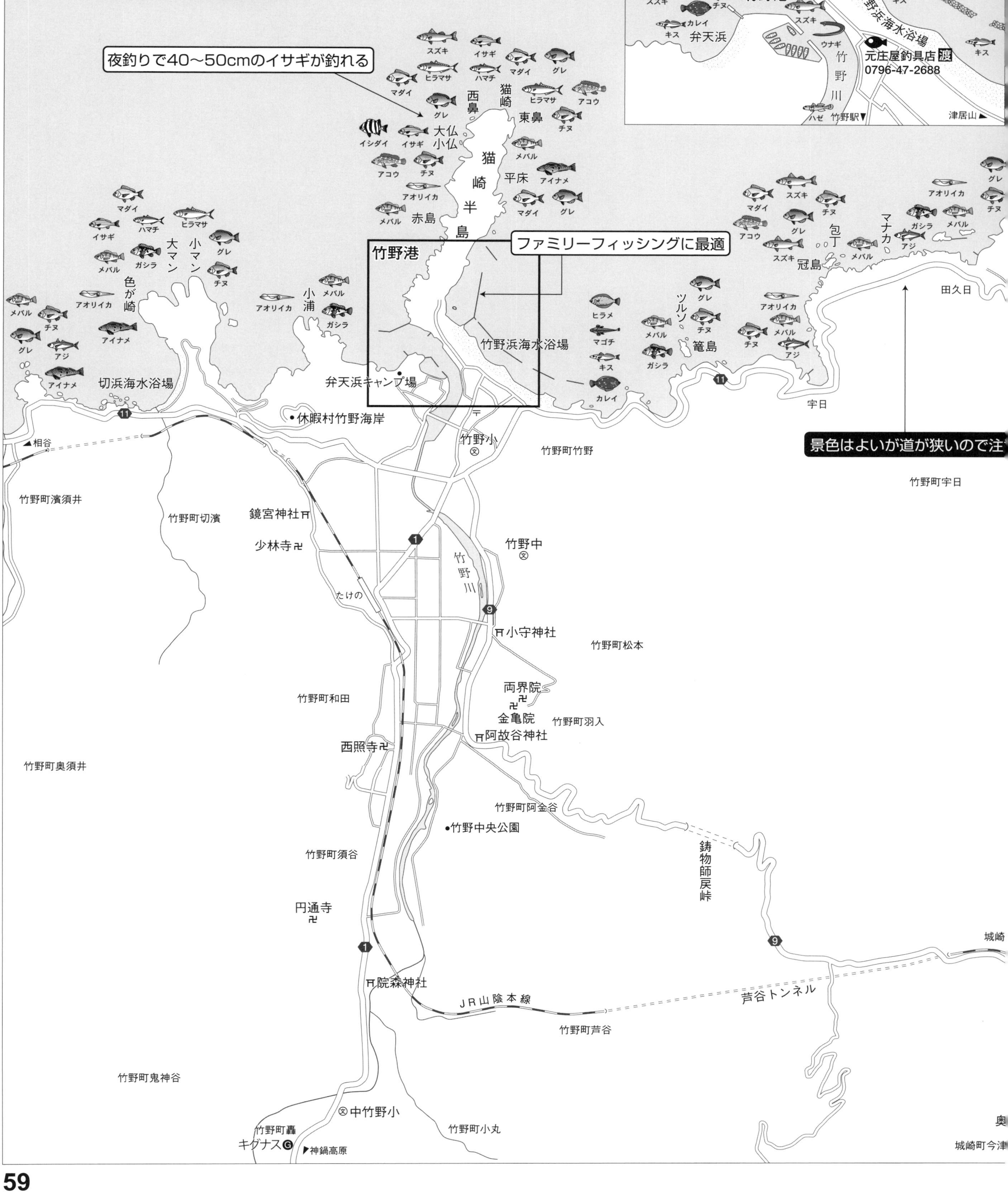

香住東港（かすみひがしこう）

香住東港はポイントも広くビギナーからマニアックな釣り人まで幅広く楽しめるところ。港内でサビキのアジ、チョイ投げでカレイ、ウキ釣りでチヌなど。ベランダ護岸はキスのほか、春はキロオーバーのアオリイカがよく釣れる。赤灯波止の先端部は青物が回遊し、ジギングでヒラマサやサワラがヒットする。磯渡船利用の一文字はアオリイカのほか、古くから磯顔負けの大型イシダイが釣れるポイント。どの防波堤もテトラからの釣りは足元に充分注意すること

柴山港（しばやまこう）

深く切れ込んだ柴山湾を利用して造られた柴山港は外海がシケのときでも安全に釣りができる。陸続きの釣り場のメインは赤灯の波止だが、全体に水深がなく投げ釣りがベター。ほか漁協周辺の岸壁でも釣りができるが湾の東側に立入禁止の区域もあるので注意。湾奥の浜は期待薄。沖の一文字へは磯の渡船を利用

ヶ浦島、大島、大引、黒島などへは柴山港の福祥渡船で渡る

渡船区は柴山湾という深い湾を抱えているので、他のエリアが波で出られないときも、どこかでサオだしが可能。一文字気。青物ねらいのルアーマンも多い

赤岩、松島、浅草島、三角、ヒジキ、臼ヶ浦島などへは南無垣港から福善丸で渡る

南無垣港から渡る磯は佐津の渡船区と認識されているところで、東は相谷、西は柴山のエリアと重複している。人気磯は赤岩、浅草島、三角など

いぶり、こうもり島、赤岩、松島などへは相谷港の、はまなの船で渡る

相谷渡船区の人気は沖、中、灘と三つある「いぶり」と呼ばれる磯。ヒラマサ、イシダイ、グレとオールマイティーに釣れる

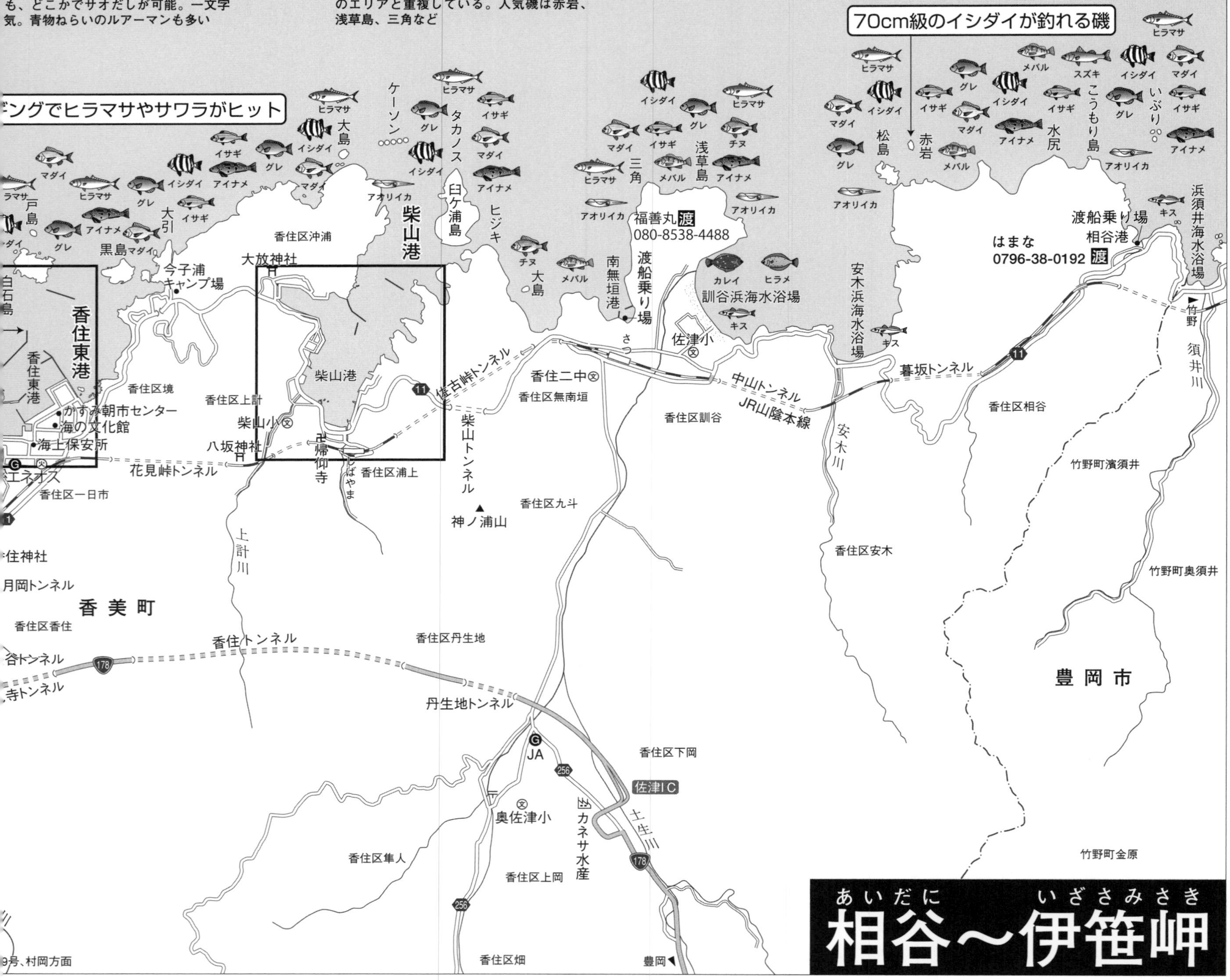

相谷（あいだに）〜伊笹岬（いざさみさき）

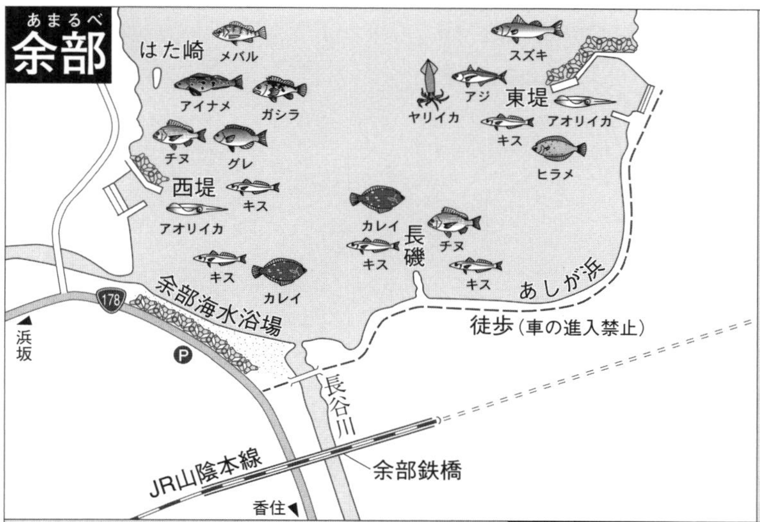

有名な余部鉄橋でおなじみの余部海岸は古くから良型のキスが多いところ。メインは東堤だが、車での進入は不可。海水浴場前の駐車場にとめて徒歩が鉄則。冬場はこの突堤でヤリイカ釣りが楽しめる。スッテのエサはサヨリが一番。アオリイカねらいは東西両方の突堤で可能。生きアジをエサにヒラメも釣れる

矢田川の河口から三田浜に向かう途中にあるのが下浜港。投げ釣りのカレイ、小アジやキスをエサにねらうヒラメ、アオリイカのエギングなどがおすすめ

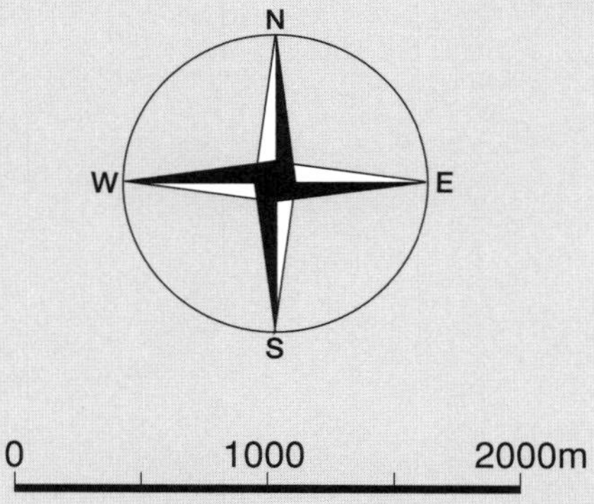

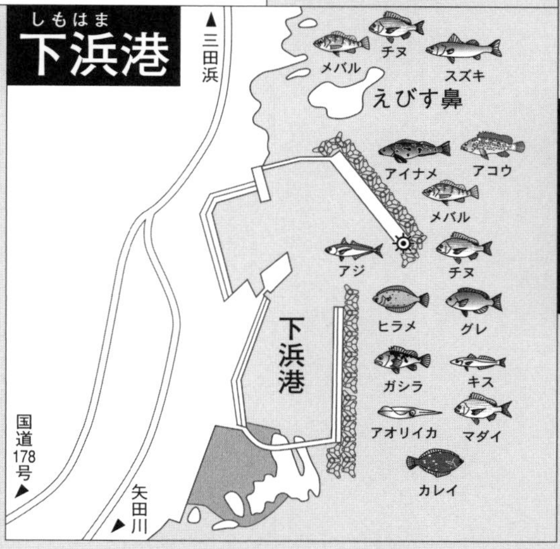

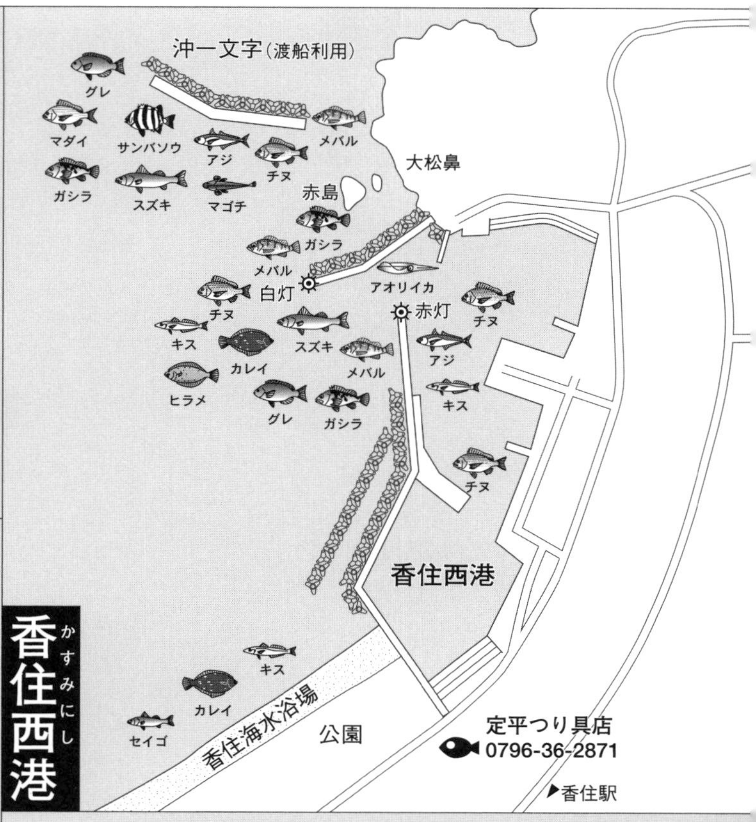

香住西港は東港に比べて水深はないが釣りものは多彩。メインは白灯波止だが駐車スペースが少ないのが難。迷惑駐車は絶対にしないでほしい。投げ釣りはキス、カレイ、サビキ釣りでアジ、夏場は夜間の電気ウキ釣りでスズキが面白い。磯渡船利用の一文字ではカゴ釣りで良型のマダイ、際のミャク釣りでサンバソウが面白い

伊笹岬、通り戸へは小三尾港から美代志丸で渡る

黒島、白石島、戸島、鉄砲島、東西赤島、松ヶ鼻、シャッポ、鎧の鼻などの磯へは香住東港の但馬渡船で渡る

香住の渡船区は東は柴山の手前から西は余部手前の黒島、メガネまでと非常に広いのが特徴。人気磯は戸島、東西の赤島（兄弟赤島）、松ヶ鼻ほか、地図にはないが石グリと呼ばれる低く小さい磯もある

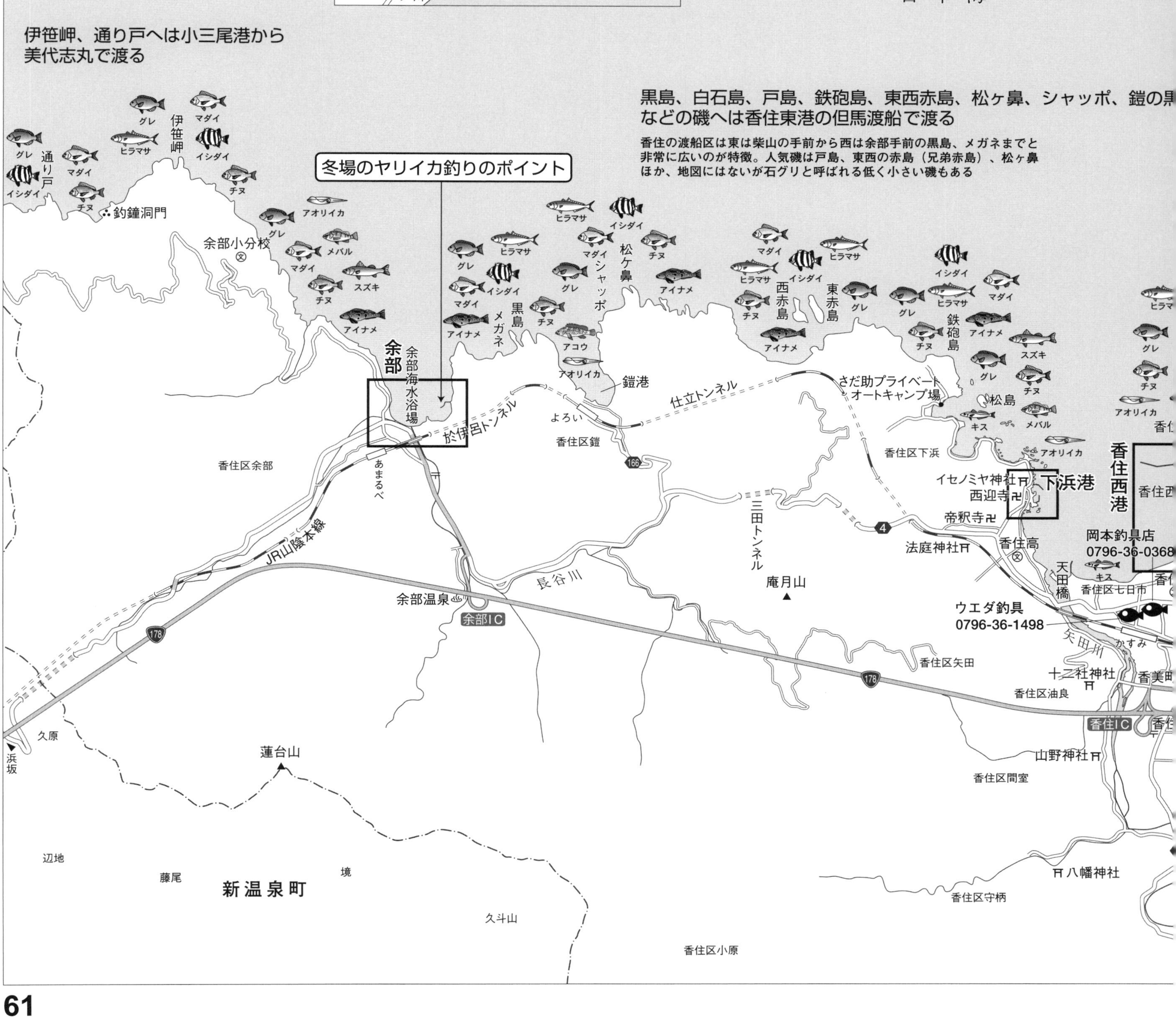

三尾～居組

浜坂港（はまさか）

浜坂港のメインのポイントは赤灯波止と白灯波止で投げ釣りのキス、カレイ、アイナメなどがメインターゲット。ボケをエサにブッ込み釣りでチヌもOK。また春は港内に大型のアジが入り込みフィーバーすることがある。港内はアジやサヨリ、セイゴなど五目ねらいのファミリーフィッシングも楽しい。磯渡船利用で渡る沖の一文字は50cmクラスのイシガレイ、40cmクラスのマコガレイが ねらえる好ポイント

三尾港（みお）

大三尾港と小三尾港の両方を合わせて三尾港と呼ぶ。どちらも非常に狭い集落なので駐車スペースはあるが有料である。港も小規模なので漁業者の迷惑になる行為はつつしみたい。アオリイカ釣りで人気があるが資源保護のため年明けから8月いっぱいはアオリイカ釣り禁止。冬場はチイチイ針を使ったヤリイカ釣りが面白い

通り戸、鋸岬、茶釜、立島、仏谷、モジマなどの磯へは三尾港の美代志丸、前田渡船で渡る

鋸岬、茶釜、立島など但馬海岸トップクラスの磯がある三尾の渡船区は大型ヒラマサ、大型イシダイをはじめ大型マダイ、尾長グレまで釣れる人気のエリア

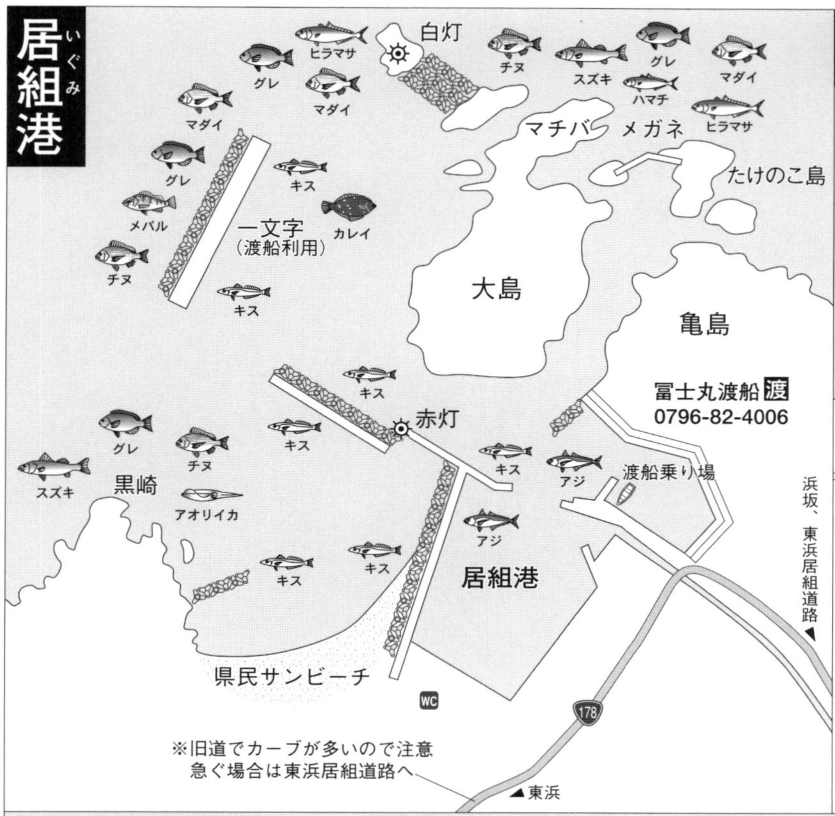

諸寄港はアオリイカ釣りの人気が高い。赤灯波止の外側がベストポイント。灯台の鼻は春の親イカの時期にキロオーバーの大型がよく釣れる。投げ釣りのキスは全体的によく釣れる。年によるが港内には春に大型アジの回遊がみられる

居組港の赤灯波止の水道向きとサンビーチ向きはきれいな砂底のため良型のキスが非常に多い。春は水深のある港内に大型のマアジ35～40cmが入ってくることがあり日中に入れ食いになる。磯渡船利用の一文字も内向きはキスがよく釣れる。磯寄りの先端部はチヌ、グレ、マダイもOK

田井のかべ、エイシャン、荒磯大島、矢城ケ鼻、大振島、かごめなどの磯へは浜坂港のはまさか渡船で渡る

浜坂の渡船エリアは東の三尾渡船区（一部重複）から西の居組の手前までと広い。ヒラマサやマダイ、イシダイのほか、夏の夜のアジ釣り、メバル釣り、投げのアイナメ釣りなども人気がある

白島、ハナヅロ、ジューカン、大振島などの磯へは居組港の冨士丸渡船で渡る

兵庫県の日本海側最西部、鳥取県境に位置する居組の磯の代表は港の沖にある大振島と小振島で青物、マダイ、イシダイ、グレがよく釣れる。ジューカンは中型グレの数釣り場。白島は乗っ込みチヌの人気磯

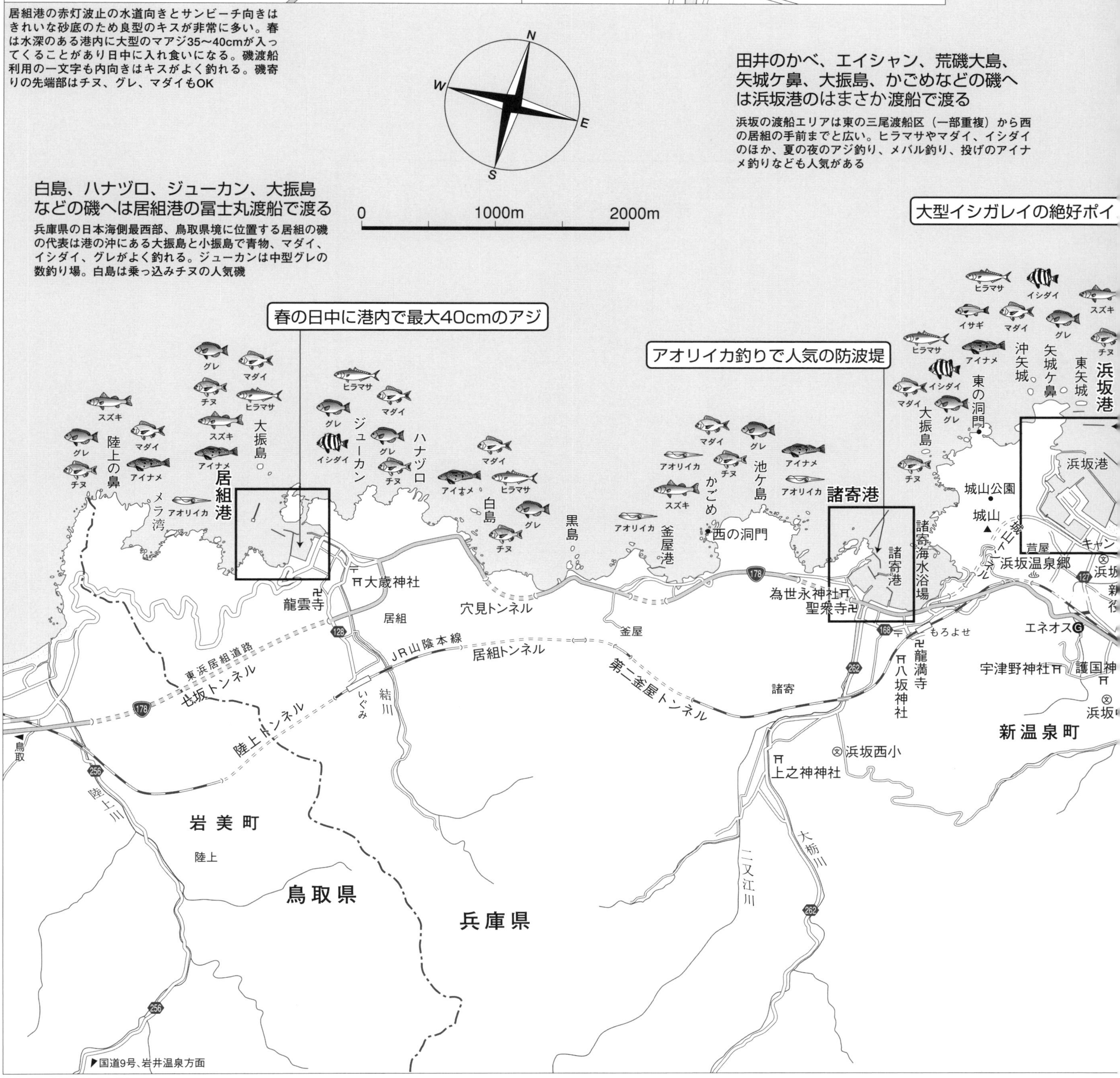

『令和版 関西海釣りドライブマップ』シリーズについてのお断り

本書は既刊『関西海釣りドライブマップ』の情報を元に作成しており、作成時のデータと現状が異なっている場合があります。本書の内容につきましては新たな情報を更新するように心がけておりますが、現場での釣りの可否を含め、あらかじめ本書に記載された情報のすべてを保証するものではありません。万が一、目的の場所が釣り禁止等になっていた場合には、必ず現場の情報・指示に従ってください。

令和版 関西海釣りドライブマップ④
越前・若狭・丹後・但馬 (大聖寺川河口～居組)

2023年 8月1日発行
編 者 つり人社書籍編集部
発行者 山根和明
印刷所 図書印刷株式会社
発行所 株式会社つり人社
東京都千代田区神田神保町1-30-13 〒101-8408
TEL.03-3294-0781 FAX03-3294-0783

乱丁・落丁などありましたらお取り替えいたします。
ISBN 978-4-86447-723-9 C2075

●本書に掲載した釣り場の状況、立入禁止の規定は随時変更されることがありますので、ご了承ください。
●釣り場では必ずライフジャケットを着用し、くれぐれも事故のないよう、自己責任にて安全第一を心掛けましょう。